Fachbuchreihe Das Musikinstrument
Band 30

Paul-Heinrich Mertens

Die Schumannschen Klangfarbengesetze und ihre Bedeutung für die Übertragung von Sprache und Musik

Verlag Erwin Bochinsky Frankfurt/M.

© 1975 by Verlag Das Musikinstrument Frankfurt am Main
Nachdruck nur mit Genehmigung des Verlages
Buchredaktion: H. K. Herzog, Konstanz
Gesamtherstellung: Druckerei Am Fischmarkt, Konstanz
ISBN 3 920112 54 7

Inhalt

Vorwort	IX
Geleitwort	XI

TON, KLANG, KLANGANALYSE UND SYNTHESE	1
Der einfache Ton	1
HELMHOLTZsche Relativ- und Absoluttheorie	1
STUMPFs Tonfarbe	2
Vokalitäten nach KOEHLER	2
Die harmonischen Partialtöne, Klänge	5
Stationäre und quasistationäre Klänge	5
Residualton	6
Kombinationstöne	8
Methoden der Klanganalyse und Synthese	9
Die Resonanzmethode	10

Schätzung der Stärkegrade – Bestimmung der Maxima in Partialtongerüsten – Die STUMPFschen Stimmgabeln

Das Interferenzverfahren	11

Wirkungsweise des STUMPFschen Interferenzfilters – Analyse der Partialtöne durch Abbau der Klangbestandteile – Einfluß der Interferenzbreite beim Aufbau des Klanges – Lücken- und Stichversuche – Veränderung des Klanges durch die Röhrenleitung

Bestätigung der Analysen durch die Klangsynthese	16

Die STUMPFsche Einrichtung zur Analyse und Synthese von Klängen 17

Die Erzeugung reiner Sinustöne – Stärkeregulierung – Einrichtung zum unmittelbaren Vergleich von originalen und synthetischen Klängen – Darbietungszeit, Ausschaltung von Einschwingvorgängen

Die objektive Klangaufzeichnung 20

DIE KLANGFARBE DER MENSCHLICHEN STIMME UND DER MUSIKINSTRUMENTE.. 21

Die Untersuchungen von C. STUMPF zur Struktur der Vokale 22

Widerlegung der These von den unharmonischen Formanten – Formantzentren der Vokale – Gesamtumfänge der Formantregionen – Zentralstrecken innerhalb der Formantregionen – Flüstervokale der Konsonanten – Vokalklangsynthesen

Die Untersuchungen von E. SCHUMANN zur Struktur der Instrumentalklänge 30

Die Klangfarbengesetze 30
Widerlegung der HELMHOLTZschen Relativtheorie

Erläuterung und Begründung 31
   Formantstreckengesetz 31
   Akustisches Verschiebungsgesetz 61
   Akustisches Sprunggesetz 64
   Formanten-Intervallgesetz 67

Hinweis auf die Phasenrelationen 71

Neuere Erkenntnisse zur Klangfarbenlehre 74

KONSEQUENZEN DER SCHUMANNSCHEN KLANGFARBENGESETZE 81

Gültigkeit für Vokalklangfarben 81

Auswirkungen auf den Musikinstrumentenbau 84

Berücksichtigung der Gesetze bei der elektroakustischen Übertragung von Sprache und Musik 87

Wiedergabeintensität dynamischer Grade 87
Beeinflussung der Klangfarbe 89
   Bisherige Versuche von KADOW, VERMEULEN und SLOT   91
   Apparative Einrichtung 99
      Beschreibung der Formantfilter 99
      Erforderliche Überhöhung 102
      Übertragungseigenschaften 110
   Aufnahme der Instrumentalklänge 111
   Anfertigung der Bandschleifen 112
   Hörversuche 112

ZUSAMMENFASSUNG 115

LITERATURVERZEICHNIS 117

VERZEICHNIS DER BILDER UND TABELLEN 129

Vorwort

Es werden Ergebnisse und Probleme grundsätzlicher klanganalytischer Untersuchungen, vornehmlich die von ERICH SCHUMANN[1] in seiner „Physik der Klangfarben" aufgestellten Gesetze in Verbindung mit den Fragen der elektroakustischen Aufnahme, Übertragung und Abstrahlung diskutiert und es wird über orientierende Experimente berichtet.
Bei der Fragestellung und bei der Durchführung der Untersuchungen war der Rat der Herren Prof. Dr. Dr. K. G. FELLERER und Prof. Dr. J. P. FRICKE (beide Universität Köln) entscheidend. Von großem Nutzen für die Versuche war die hervorragende apparative physikalisch-akustische und elektroakustische Ausstattung der Universität Köln.
Hohe Anerkennung gebührt dem Verlag und der Druckerei für das mir bei der Herausgabe dieser Arbeit entgegengebrachte Verständnis und die geleistete Unterstützung.

Dr. Paul-Heinrich Mertens

---

[1] E. SCHUMANN, Physik der Klangfarben II, Hab.-Schr. Universität Berlin 1929.

Geleitwort

Die Klangfarbe, die sich physikalisch in den drei Grundparametern Frequenz–Amplitude–Zeit darstellen läßt, ist durch Hörmerkmale bedingt, die auf die Anordnung, Stärke und Ausdehnung der Formanten, die Ein- und Ausschwingvorgänge und die Art des instationären Verlaufs durch feinmodulatorische Vorgänge und Geräuschbeimischung bei der Klangerzeugung zurückgehen. Sie sind schon bei einem einzelnen Instrument aufgrund instrumentenbedingter klanglicher Uneinheitlichkeit, technischen Könnens des Spielers und insbesondere aufgrund gezielter Variationen im Hinblick auf Dynamik und Ausdrucksgebung in weiten Grenzen veränderlich. Beim Erkennen instrumentaler Klangfarben sind diese Merkmale, die noch ergänzt werden durch instrumentenspezifische Spielfiguren und Spieltechniken, wie sie im musikalischen Kontext vorkommen, von entscheidender Bedeutung; sie gehen in die komplexe Qualität Klangfarbe ein, ergänzen einander und können sich gegenseitig vertreten.

Bei solcher Variabilität der Klangfarben gewinnen physikalische Analysen erst ihre volle Bedeutung, wenn sie in Beziehung gesetzt werden zu den klanglichen Ereignissen der analysierten Objekte. So sind die Forschungsbemühungen der letzten zwei Jahrzehnte vermehrt darauf gerichtet, Verbindungen zwischen den wesentlichen Hörmerkmalen der klanglichen Erscheinungen und geeigneten charakteristischen Kennzeichen des Schallvorgangs herzustellen mit dem Ziel, Verallgemeinerungen und Gesetzmäßigkeiten zu finden. Solche Entwicklungen wurden in weitem Umfang durch die SCHUMANNschen Erkenntnisse gefördert.

E. SCHUMANN ist es mit den von ihm entdeckten vier Klangfarbengesetzen gelungen, eine Vielfalt akustischer Erscheinungen durch Gesetzmäßigkeiten auf wenige wesentliche Kennzeichen typischer

Klänge zu reduzieren. Denn für die durch gehörsmäßige Beurteilung als typisch erkannten stationären Klänge der Orchesterinstrumente konnte er das Vorhandensein fester Formantstrecken nachweisen und die bei verschiedenen Tonhöhen und dynamischen Graden auftretenden Varianten der Klangstruktur erklären.

Die SCHUMANNschen Klangfarbengesetze wirken im Sinne eines Ordnungsprinzips, das die aufgrund verschiedener Parameter variierenden Klangstrukturen auf eine Klangnorm zurückführt, die sich durch besondere Qualität auszeichnet. Sie haben so eine Entwicklung der Klangfarbenforschung ausgelöst, die u. a. zu der Erkenntnis führte, daß die Berücksichtigung der SCHUMANNschen physikalischen Gesetze qualitative Verbesserungen der Musikübertragung und elektronischen Klangerzeugung ermöglicht. Da sich ihre Veröffentlichung bisher nur auf meist der Kürze wegen schwer verständliche Hinweise beschränkte, ist es nunmehr P.-H. MERTENS zu verdanken, daß er einen weiten Kreis von Lesern ausführlich mit den SCHUMANNschen Klangfarbengesetzen und ihrem Zustandekommen bekanntmacht und vor allem die aufgrund des hohen Standes der Minielektronik nunmehr möglichen Anwendungen mit Erfolg in Angriff genommen hat.

Prof. Dr. J. P. Fricke

Ton, Klang, Klanganalyse und Synthese

Der einfache Ton

Den letzten akustischen Bestandteilen, in die sich Sprachlaute und Instrumentalklänge zergliedern lassen, entsprechen Sinusschwingungen; und zwar gehören die in einem Klange enthaltenen Sinustöne – auch einfache Töne, Teil- oder Partialtöne genannt – immer einer Reihe an, deren Glieder folgende Schwingungszahlenverhältnisse aufweisen: n : 2n : 3n : 4n : 5n : 6n : 7n : 8n . . ., worin für n die Schwingungszahl des tiefsten Partialtones, des Grundtones, zu setzen ist, auf dem der Laut gesungen (gesprochen) oder der Instrumentalklang intoniert wird.

HELMHOLTZsche Relativ- und Absoluttheorie

Nach HELMHOLTZ[1] ist die Klangfarbe abhängig von der Anzahl und dem Intensitätsverhältnis der Partialtöne:
Während die Instrumentalklangfarben gegeben sind durch ein bestimmtes Intensitätsverhältnis von Partialtönen bestimmter Ordnungszahl unabhängig von der absoluten Höhe dieser Partialtöne (Relativtheorie),
wird die Klangfarbe der Vokale durch das Vorhandensein eines

---

[1] H. HELMHOLTZ, Die Lehre von den Tonempfindungen, 5. Aufl. Braunschweig 1896, 1. Aufl. 1863, kurze Mitteilungen bereits 1857, 1859, 1860; abgedr. in: Wissenschaftliche Abhandlungen, Leipzig 1882–95 Bd. 1 S. 395, 397 und 408.

oder zweier charakteristischer Partialtöne bestimmt, die im Klang besonders hervorragen und an eine absolute Höhe gebunden sind (Absoluttheorie).

STUMPFs Tonfarbe

Aber schon den völlig einfachen Tönen müssen nach C. STUMPF[1] Farbenunterschiede zuerkannt werden. Diese Unterschiede werden aus denen der Höhe oder Helligkeit, des Volumens, der Stärke und der Vokalität hergeleitet und im Begriff der „Tonfarbe" zusammengefaßt.

Vokalitäten nach KÖHLER

Auf die Vokalität (Vokalqualität) als Attribut zur Charakterisierung des einfachen Tones hat besonders W. KOEHLER[2] in seiner Lehre von den Vokalitäten hingewiesen, nach der sich in der Reihe der Sinustöne von c_0 bis c_6 weitgehende Ähnlichkeiten mit den Vokalen finden, und zwar relativ am stärksten bei c_1 (U), c_2 (O), c_3 (A), c_4 (E), c_5 (I). Die Töne zwischen diesen „ausgezeichneten Punkten" tragen Übergangscharakter.

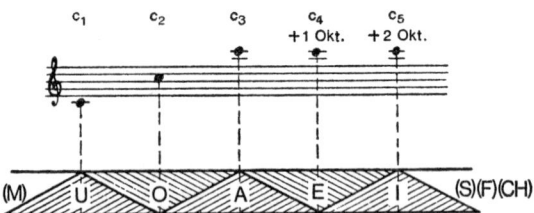

Bild 1. Schema der Vokalitäten nach KOEHLER.

[1] C. STUMPF, Die Sprachlaute, Berlin 1926 S. 318.
[2] W. KOEHLER, Akustische Untersuchungen I, Zs. f. Psychologie u. Physiologie der Sinnesorgane, I. Abt. Zs. f. Psychologie 54(1910) S. 241–289 u. in Beitr. z. Akust. u. Musikwiss. H. 4, Leipzig 1909, S. 134–181.
Akustische Untersuchungen II, Zs. f. Psychologie 58(1911) S. 59–140, insbes. S. 90 ff. u. in Beitr. z. Akust. u. Musikwiss. H. 6, Leipzig 1911, S. 1–82.
Akustische Untersuchungen III und IV (vorläufige Mitteilung) Zs. f. Psychologie 64(1913) S. 92–105.
Akustische Untersuchungen III, Zs. f. Psychologie 72(1915) S. 1–192.

Diese Vokalitäten müssen nach W. KOEHLER[1] in der Theorie der empirischen Vokale eine entscheidende Rolle spielen. Nun decken sich die ausgezeichneten Punkte nicht mit den als feststehend geltenden Formantzentren der Vokale; es wäre aber möglich, daß bei isolierten einfachen Tönen die Vokalqualitäten aus zunächst nicht bekannten Ursachen sich gegen die Lage der Formantzentren innerhalb der empirischen Vokalklänge verschieben oder umgekehrt. Aber da auch die „Umlaute" der Lehre Schwierigkeiten machen, wird KOEHLERs These von STUMPF in der Weise modifiziert, daß unter Ablehnung des Oktavgesetzes gewisse Vokalcharaktere in den Sinustönen als vorhanden anerkannt werden, daß sich tatsächlich in dem Frequenzbereich zwischen etwa 400 Hz und 2400 Hz ein meist zwar sehr schwaches, bei manchen (besonders unmusikalischen) Menschen aber besser ausgeprägtes Spektrum von Vokalfarben über die einfachen Töne legt. „Diesen kommt also außer ihrer Höhe, Stärke usw. auch noch eine Vokalität oder Farbe als immanente Eigenschaft zu. Jede Tonhöhenveränderung innerhalb dieser Zone ist, wenn sie eine gewisse Schwelle überschreitet, zugleich eine Vokalitätsänderung"[2].

---

[1] W. KOEHLER, Psychologische Beiträge zur Phonetik, (Katzensteins) Archiv f. exp. u. klin. Phonetik 1(1913) S. 11–26.
Ders., Tonpsychologie, im Handb. d. Neurologie d. Ohres, Hrsg. G. ALEXANDER u. O. MARBURG, Berlin 1924 Bd. 1 S. 419–464.

[2] C. STUMPF, a. a. O. 1926 S. 329. Vgl. hierzu auch: R. WILLIS, Über Vokaltöne und Zungenpfeifen, Annalen d. Physik u. Chemie 24(1832), insbes. S. 415, übers. aus: Transact. Cambridge Philos. Society 3(1829). WILLIS verwendete aber keine obertonfreien Pfeifentöne.
M. R. KOENIG, Quelques expériences d'acoustique, Paris 1882, S. 42 ff.; die Originalabhandlung Sur les notes fixes caractéristiques des diverses voyelles in den C. R. der Pariser Akademie Bd. 70(1870) S. 931–933. Schon KOENIG stellte für die 5 Hauptvokale ein Oktavgesetz auf (unter Hinweis auf HELMHOLTZ, dessen drei als charakteristisch genannten Töne b_1, b_2, b_3 im Oktavverhältnis standen).
Auch E. TREBS, Die Harmonie der Vokale, Archiv f. d. ges. Psychologie 14(1908) S. 311, nennt ein Oktavgesetz.
Siehe auch die „Vokalähnlichkeiten der Flaschentöne" bei K. v. WESENDONK, Über die Synthese der Vokale aus einfachen Tönen, Physikal. Zs. 10(1909) S. 313.
Ders., Über Vokalklänge, Ber. d. deutschen Physikal. Ges. 19(1917) S. 95 u. 20(1918) S. 180.
E. R. JAENSCH, Die Natur der menschlichen Sprachlaute, Zs. f. Psychologie u. Physiologie d. Sinnesorgane II. Abt. Zs. f. Sinnesphysiologie 47(1913) H. 4 u. 5 S. 219–290, insbes. S. 264, dort legt sich JAENSCH auf

Die U-I-Charaktere der einfachen Töne fallen mit den Helligkeiten dieser Töne zusammen, so daß nur die von der U-I-Linie abweichenden, oberhalb der Grundlinie des Vokaldreiecks liegenden Vokalitäten, von denen die A-Vokalität die relativ deutlichste zu sein scheint, im engeren Sinne farbig genannt werden können. Auch in dieser Hinsicht treten also – wie STUMPF betont – die Eckfarben des Vokaldreiecks hervor.

die Vokalität nur in vorsichtiger Weise fest: „Niemals habe ich reine Töne gehört, welche in wirklich überzeugender Weise wie A oder E geklungen hätten. (Damit verträgt sich sehr wohl die Tatsache, daß es immer möglich ist, einen reinen Ton herauszufinden, der dem reinen A oder dem reinen E ähnlicher ist als alle anderen Töne.)"
E. R. JAENSCH, Untersuchungen zur Tonpsychologie, 6. Kongr. f. exp. Psychologie 1914.
Ders., u. G. ROTHE, Die psychologische Akustik der Sprachlaute in ihrer Bedeutung zu Fragestellungen der Wissenschaften von der Sprache, Zs. f. Psychologie und Physiologie d. Sinnesorgane I. Abt. Zs. f. Psychologie 97(1925) H. 1 u. 2 S. 89–126.
E. M. v. HORNBOSTEL, Psychologie der Gehörserscheinungen, im Handb. d. norm. u. pathol. Physiologie, Hrsg. A. BETHE u. a., Berlin 1926 Bd. 11 Receptionsorganae I S. 701–730.

Die harmonischen Partialtöne, Klänge

Stationäre und quasistationäre Klänge

Der Sinuston ist definitionsgemäß die akustische Wiedergabe einer Sinusschwingung. Er findet in der Musik kaum Verwendung und muß als Grenzfall betrachtet werden. Den musikalischen Klängen entsprechen Schwingungen, die sich als mehr oder weniger nichtsinusförmig erweisen. Die bei der Analyse eines solchen Klanges gewonnenen Partialtöne ergeben – zusammengefügt – die für den betreffenden Klang typische (charakteristische) Klangstruktur.
Stationäre Klänge sind auf Grund ihres streng periodischen Schwingungsablaufes durch einen streng harmonischen Partialtonaufbau gekennzeichnet; und einem harmonischen Partialtonaufbau ist stets ein periodischer Vorgang zugehörig.
J. P. FRICKE[1] fordert die klare Trennung zwischen der harmonischen Partialtonreihe und der im allgemeinen unharmonischen Naturtonreihe. Für die Beurteilung einer hinreichenden Periodizität und harmonischen Struktur des musikalischen Klanges ist das Gehör letzter Richter.
Die definierte, mit der Periodizität verbundene Tonhöhe und die spezifische Klangfarbe, die von der Partialtonstruktur bestimmt wird, sind die entscheidenden Merkmale eines periodischen Schwingungsvorganges.

[1] J. P. FRICKE, Die Innenstimmung der Naturtonreihe und der Klänge, in Festschrift z. 60. Geburtstag K. G. FELLERER, Hrsg. H. HÜSCHEN, Regensburg 1962 S. 161–177.

Residualton

„Die Empfindung der Tonhöhe eines Klanges wird nur z. T. durch den 1. Teilton, der gewöhnlich der unterste Teilton ist, vermittelt. Sie ist aber überhaupt nicht an sein Vorhandensein gebunden, wenn eine Reihe höherer Harmonischer in dem Klang vorhanden ist."[1]

Bei Vorhandensein einer Reihe höherer harmonischer Klangkomponenten entsteht der in seiner Tonhöhe der Grundtonhöhe entsprechende Residualton[2]. Ist eine ausreichende Periodizität gegeben, so entsteht der Residualton immer im Bereich der gängigen musikalischen Grundtonhöhen[3].

Man spricht zwar von den stationären Klängen, sie sind aber nur im Ideal- bzw. Grenzfall stationär. Die zeitliche Konstanz der nichtsinusförmigen Schwingungen ist mit Sicherheit nicht die Norm. Die in der Musik gebräuchlichen Klänge sind nicht mit Starrheit behaftet, sie sind nicht gleichbleibend und ihre Darbietungsdauer hat Anfang und Ende. Zwischen den zeitlichen Begrenzungspunkten ist der Ablauf quasi stationär. Wir haben es hier mit einem dauernd ausgleichenden Regulierungsvorgang zu tun. Und trotzdem sind ein Großteil solcher quasistationärer Klänge für das Gehör akustische Vorgänge mit definierter Tonhöhe. Dazu genügt es, daß die Schwingung vom Gehör lediglich kurzfristig als gleichbleibend aufgefaßt wird.

Die Tonhöhenwahrnehmung wird von der Periodizität des Schwin-

---

[1] J. P. FRICKE, a. a. O. 1962 S. 170.

[2] J. F. SCHOUTEN, The Perception of Subjective Tones, Proc. Koninkl. Ned. Akad. Wetenschap 41(1938) S. 1086–1093.
Ders., The Residue, a New Component in Subjective Sound Analysis, Proc. Koninkl. Ned. Akad. Wetenschap 43(1940) S. 356–365.
Ders., Die Tonhöhenempfindung, Philips Techn. Rundschau 5(1940) S. 294 bis 302, siehe auch
E. de BOER, On the Residue in Hearing, Diss. Amsterdam 1956.
R. J. RITSMA, Existence Region of the Tonal Residue, I, JASA 34(1962) S. 1224–1229.
K. WALLISER, Zusammenhänge zwischen dem Schallreiz und der Periodentonhöhe, Acustica 21(1969) S. 319–329.
E. TERHARDT, Zur Tonhöhenwahrnehmung von Klängen, I. Psychoakustische Grundlagen, II. Ein Funktionsschema, Acustica 26(1972) S. 173–186 und S. 187–199.

[3] G. G. HARRIS, What is Psychoacoustics? Journal of the Audio Engineering Society 9(1961) Nr. 1 S. 2–6.

gungsvorgangs bestimmt. Das Gehör deutet innerhalb kurzer Zeitabschnitte die in der Musik üblichen quasistationären Schwingungen als periodische Abläufe mit harmonischer Partialtonstruktur und schreibt ihnen eine definierte Tonhöhe zu. Die kurzen Zeitabschnitte hängen von der Integrationszeit des Gehörs ab. Das Gehör integriert in einem weiten Frequenzbereich nur über etwa $1/4$ Sekunde.

Vorgänge, die sich zeitlich so langsam verändern, daß sie innerhalb der Zeitabschnitte unbemerkt bleiben und im Höchstfall von einem zum anderen Zeitabschnitt einen Einfluß ausüben (zeitliche Klangfarben- oder Tonhöhenschwankungen), werden vom Gehör als gleichbleibend aufgefaßt. Schnellere Änderungen des Klangablaufes haben dann eine mehr oder weniger unklare Tongebung zur Folge, mit der ein geräuschhafter Eindruck verbunden ist. Über die Tatsache, daß beim üblichen Vibrato und chorischen Klang die Tonhöhe für das Gehör punktuell bleibt, berichtet G. ALBERSHEIM[1]. S. S. STEVENS und H. DAVIS[2] beschreiben den Zusammenhang von Tonhöhenzuordnung und statistischer Verbreiterung.

Auch J. P. FRICKE behandelt diese Phänomene in seiner Habilitationsschrift[3]. FRICKE geht dort jedoch nicht darauf ein, daß die Klangbreite nicht nur eine Streubreite der Tonhöhenzuordnung (wie sie STEVENS und SHACKFORD, neuerdings auch FRICKE gemessen haben) zur Folge hat, sondern auch für die Klangfarbe von Bedeutung ist. Die mit Vibrato und chorischem Effekt verbundenen Klangbreiten wirken sich als Klangfarbenphänomene aus[4].

Ein aus Klang- und Geräuschanteilen zusammengesetzter Vorgang kann physikalisch nicht mehr als periodische Funktion mit harmonischen Komponenten betrachtet werden. Aber wir können den stationären Klang und den Geräuschanteil klar unterscheiden; und zwar wird ein Klang mit definierter Tonhöhe getrennt vor dem Hintergrund eines Geräusches gehört. Die Verbindung stationärer

---

[1] G. ALBERSHEIM, Zur Psychologie der Ton- und Klangeigenschaften, Straßburg 1939, S. 24, 34, 35 u. 70.
[2] S. S. STEVENS und H. DAVIS, Hearing, its Psychology and Physiology, New York 1954 S. 240, CH. SHACKFORD, American String Teacher 10(1960) S. 25 u. 28.
[3] J. P. FRICKE, Intonation und musikalisches Hören, Hab.-Schr. Köln 1968, mschr.
[4] Ders., Klangbreite und Tonempfindung, Vortrag, gehalten anläßlich der Tagung der Görresgesellschaft in Würzburg 1973, erscheint demnächst in: Schriftenreihe der Karajan-Stiftung Bd. 3.

Klang- und Geräuschanteile wird vom Ohr anders wahrgenommen als die losgelösten Geräuschbestandteile. F. WINCKEL[1] hat die durch Geräuschanteile hervorgerufene Verbreiterung der diskreten Spektrallinie zum Spektralband behandelt.

Kombinationstöne

Die Ergänzung bzw. Verstärkung des Grundtones erfolgt nicht nur durch den Residualton, sondern auch durch Kombinationstöne (KT), deren Zustandekommen durch die Nichtlinearität[2] des Gehörorgans bedingt ist. Liefern schon zwei Primärtöne eine Vielzahl von Kombinationstönen, so werden diese durch die sämtlich als Primärtöne wirksamen Komponenten eines Klanges noch beträchtlich vermehrt.

Im Hinblick auf diese Wirkung der Partialtöne eines Klanges als Primärtöne zur Bildung von Kombinationstönen und auf die Entstehungsursache für die KT müssen Residualton und KT als verschiedene Phänomene behandelt werden.

FRICKE[3] hat die Rolle der KT in bezug auf ihre Einordnung in die Klangstruktur, ihre Geeignetheit zur Ausfüllung von Lücken und Verstärkung schwacher Stellen des Partialtongerüstes beschrieben.

Eine ausreichende Periodizität des Klanges ist für das Zustandekommen der (phasenempfindlichen) KT noch wichtiger als für die Bildung des Residualtones und für die Tonhöhenempfindung.

---

[1] F. WINCKEL, Phänomene des musikalischen Hörens, Berlin 1960.
[2] H. P. REINECKE, Die Nichtlinearität des Ohres und ihre Bedeutung für den Hörvorgang, 1. Ber. an die Dt. Forschungsgemeinschaft vom 1. Okt. 1956.
[3] J. P. FRICKE, Über subjektive Differenztöne höchster hörbarer Töne und des angrenzenden Ultraschalls im musikalischen Hören, Diss. Köln 1960, Kölner Beitr. z. Musikf. Bd. 16 Regensburg 1960 S. 14.

Methoden der Klanganalyse und Synthese

Eine Klanganalyse kann subjektiv und objektiv erfolgen. Gegenüber den subjektiven Methoden, welche die direkte akustische Beobachtung mit bloßem oder bewaffnetem Ohr vorziehen, wird den objektiven Methoden meist größeres Vertrauen entgegengebracht, weil sich hier die Ergebnisse auf Klangbilder (Kurven) stützen, die z. B. den Schalldruck eines Klanges an einer Stelle des Schallfeldes in Abhängigkeit von der Zeit darstellen.

Da aber, ein einwandfreies, z. B. von Eigenschwingungen des aufnehmenden und aufzeichnenden Systems unabhängiges Klangbild vorausgesetzt, die Abhängigkeitsbeziehungen zwischen diesen Registrierungen physikalischer Vorgänge und den entsprechenden subjektiven akustischen Erscheinungen noch nicht so erforscht waren, daß eine einwandfreie Deutung der Funktion der verschiedenen Partialtongruppen für die Klangbildung möglich war, und da ferner die Resultate der grafischen Methoden nach Auswertung des Klangbildes mit Hilfe der Fourier-Analyse nur harmonische Partialtöne ergeben, auf die Anwesenheit von unharmonischen also nur aus den Stärkegraden benachbarter Partialtöne unsicher geschlossen werden konnte, sind von SCHUMANN zunächst die subjektiven Methoden C. STUMPFs[1] angewandt worden, die eine direkte Untersuchung des Klangmaterials gestatten:

---

[1] C. STUMPF, Über neuere Untersuchungen zur Tonlehre, Ber. VI. Kongr. d. Ges. f. exp. Psychol. 1914 S. 305–344; auch in Beitr. z. Akustik u. Musikwiss. H. 8, Leipzig 1915, S. 17–56.
Ders., Die Struktur der Vokale, Sitz.-Ber. d. Preuß. Akad. d. Wissensch. Berlin 1918, S. 333–358.   Fortsetzung der Fußnote [1]: Seite 10

die Analyse durch resonierende Stimmgabeln und
die Interferenzmethode.
Nachdem dann die mit der benutzten Interferenzeinrichtung möglichen Synthesen aller nach dem Resonanz- und Interferenzverfahren untersuchten Instrumente gelungen waren, wurde von SCHUMANN aber auch
die grafische Methode
mittels Kondensatormikrofon und Oszillograf zur Bestätigung und Ergänzung in ausgiebigem Maße herangezogen.
Über die grafischen Methoden finden sich in Lehr- und Handbüchern ausreichende Angaben.[1] Die subjektiven Methoden jedoch werden durchweg mit einigen Sätzen abgehandelt; auf das wesentlich und unbedingt zu Beachtende wird nicht hingewiesen. Deshalb werden die subjektiven Methoden in folgendem etwas eingehender besprochen.

Die Resonanzmethode

C. STUMPF[2] hat schon dargelegt, daß man aus dem Mit- und Nachschwingen einer Stimmgabel eindeutig auf die Anwesenheit eines entsprechenden Partialtones schließen kann und eine multiple Resonanz ausgeschlossen ist.
Die Stärkegrade wurden (auch bei den Interferenzversuchen) subjektiv geschätzt, und zwar werden mit STUMPF auf der stetigen Linie der Stärkegrade 5 Typen entsprechend den musikalischen Stufen des pp (1), p (2), f (3), ff (4) und fff (5) benutzt. Zwischen diesen Hauptstufen werden noch halbe und Viertelstufen, vor der

    C. STUMPF, Über die Tonlage der Konsonanten und die für das Sprachverständnis entscheidende Gegend des Tonreiches, Sitz.-Ber. d. Preuß. Akad. d. Wissensch. Berlin 1921 S. 636–640
Ders., a. a. O. 1926 S. 9 ff. und S. 36 ff.
Ders., Zur Analyse der geflüsterten Vokale, Beitr. z. Anatomie, Physiologie, Pathologie u. Therapie d. Ohres, d. Nase u. d. Halses 12(1919) S. 234 ff.
Ders., Zur Analyse der Konsonanten, daselbst 17(1921) S. 151 ff.
Ders., Veränderungen des Sprachverständnisses bei abwärts fortschreitender Vernichtung der Gehörsempfindungen, daselbst 17(1921) S. 182 ff.
Ders., Singen und Sprechen, Zs. f. Psychologie 94(1923) u. Beitr. z. Akustik u. Musikwiss. H. 9 Leipzig 1924 S. 38–74.
[1] F. TRENDELENBURG, Akustische Meßmethoden, S. 597 im Handbuch der Physik, Hrsg. H. GEIGER u. K. SCHEEL, Bd. 8 Akustik, Berlin 1927.
[2] C. STUMPF, a. a. O. 1926 S. 10 ff.

Nullgrenze noch eine Achtelstufe unterschieden. (Um Brüche in den Tabellen zu vermeiden, werden alle Zahlen mit 4 multipliziert.) Betont sei, daß die Empfindungsstärken nicht eine Skala von gleich weit abstehenden Graden darstellen sollen; auch soll dadurch, daß Töne sehr verschiedener Höhe die gleiche Stärkeziffer erhalten, nicht ausgedrückt werden, daß diese Töne dieselbe subjektive Intensität haben. Trotzdem kann über die Richtung der Intensitätsänderung benachbarter Obertöne ein so sicheres Urteil abgegeben werden, daß die einwandfreie Bestimmung der Maxima und somit der Intensitätskurve des Partialton-Gerüstes gelingt.

SCHUMANN standen bei seinen Untersuchungen die von STUMPF erwähnten etwa 60 Stimmgabeln zur Verfügung, die den Partialtönen der Klänge auf c_0, c_1, c_2 bis zum c_5 lückenlos entsprachen. Infolge des Unterschiedes zwischen den meist auf $a_1 = 435$ Hz bezogenen Grundtonhöhen der Instrumentalklänge und den in physikalischer Stimmung stehenden vorhandenen Gabeln ($a_1 = 426^1/_2$ Hz) schwingen die Stimmgabeln nicht in der bei Übereinstimmung möglichen Stärke mit. Versucht aber der Bläser kurz nach dem Einsetzen, etwa durch den Ton einer mitschwingenden Gabel veranlaßt, die Tonhöhe nach dem Gehör durch Änderung des Lippenansatzes zu regulieren, so durchläuft mit dem Gundton auch jeder Oberton eine Tonstrecke.

Dadurch können Gabeln zum starken Mitschwingen veranlaßt werden, die bei gleich richtig eingesetztem Grundton nicht resoniert hätten.

Um die in dieser Hinsicht besonders bei Obertönen höherer Ordnungszahl (ab 15.) möglichen Täuschungen auszuschließen, wird zweckmäßig in einem Vorversuch die vorhandene Gabel, mit der der Grundton des zu intonierenden Instrumentalklanges übereinstimmen soll, angeschlagen und etwaige durch geeignete Lippenbetätigung nicht leicht ausgleichbare Tonhöhenunterschiede mit Hilfe der Vorrichtung zur Veränderung der Grundstimmung durch Verlängerung bzw. Verkürzung des Resonanzkörpers und damit der schwingenden Luftsäule beseitigt.

Das Interferenzverfahren

Das Verfahren der Ausschließung von Teiltönen durch Interferenz – von STUMPF in hervorragender Weise für die Zwecke der Klang-

analyse und -synthese technisch und methodisch ausgebaut und auch von SCHUMANN benutzt – macht es möglich, einen einzelnen Partialton bzw. einzelne Partialton-Gruppen des Klanges isoliert dem Gehör darzubieten und so die physiologischen Intensitäten der einzelnen Partialtöne zu vergleichen oder, wenn geeignete Intensitätsmesser vorhanden sind, die entsprechenden relativen bzw. absoluten physikalischen Stärkeverhältnisse zu bestimmen.
Am Schalleitungsrohr, das von der Tonquelle zum Ohr führt, sind Seitenröhren mit Stempeln angebracht, die je nach der erforderlichen Länge des Ansatzrohres verschieden eingestellt werden können. Soll ein Partialton mit der Wellenlänge λ ausgelöscht werden, so wird der Stempel einer Seitenröhre um den vierten Teil der Wellenlänge des auszulöschenden Tones herausgezogen.

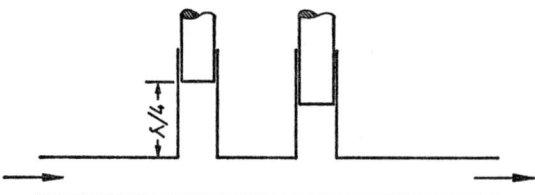

Bild 2. STUMPFsches Interferenzfilter.

Je nach der relativen Abmessung des Seitenrohres tritt ein größerer oder kleinerer Teil der Schallenergie in das durch den Stempel abgeschlossene Seitenrohr ein, wird am Stempel reflektiert und trifft nach einem Weg von λ/2, also in entgegengesetzter Phase, wieder mit der Schallwelle im Hauptrohr zusammen, so daß sich die Schwingungsanteile mit der Wellenlänge λ gegenseitig aufheben.
Wegen der Bauch- und Knotenbildung der stehenden Welle in der Hauptleitung ist es nicht gleichgültig, an welcher Stelle eine Interferenzröhre abgezweigt wird. Es hat sich als zweckmäßig erwiesen, für eine möglichst vollkommene Auslöschung starker Partialtöne zwei oder mehr Röhren anzuwenden.[1]
Eine völlige Isolierung des einzelnen Partialtones ist nur beim Grundton und seinen Oktaven möglich (Oktavenversuche), denn mit der Auslöschung eines Tones werden gleichzeitig dessen ungerad-

[1] C. STUMPF, a. a. O. 1926 S. 41.

zahlige Vielfache vernichtet, für deren Wellenzüge die Phasen an der Abzweigstelle der Seitenröhre von der Hauptleitung ja auch entgegengesetzt sind.[1] Wenn auch bei schwachem Grundton durch diesen die Beobachtung und Stärkeschätzung eines weit davon entfernten Tones, z. B. des bei Ausschaltung aller übrigen Partialtöne mit dem Grundton allein freigegebenen 3., 5. oder 7. Partialtones, kaum beeinflußt wird, so macht sich diese Beeinträchtigung mit wachsender Intensität des Grundtones in entsprechend stärkerem Maße geltend.

Deshalb erhält man über die Bedeutung der einzelnen Klangelemente für die Klangbildung einwandfrei nur Aufschluß durch Abtragen des Klanges von oben (Abbau). Der Grundton bleibt schließlich allein übrig. Bei diesem Verfahren kann die Klangänderung dann stets auf die zuletzt ausgelöschte bzw. auf die zuletzt freigegebene Zone bezogen werden. Allerdings ist bei der Deutung der Interferenzversuche eine Interferenzbreite zu berücksichtigen, denn der Klang wird nicht nur bis zu der der letzten Röhreneinstellung entsprechenden Tongrenze, sondern noch in einem kleineren Bereich weiter hinab geschwächt.

Umgekehrt erlangt bei Aufbauversuchen ein durch Ausschalten einer Interferenzröhre freigegebener Ton erst dann seine volle Intensität, wenn auch noch die nach oben folgende, an Umfang der halben Interferenzbreite[2] entsprechende Zone freigegeben wird.

Der Einwand S. GARTENs[3], daß infolge der Interferenzbreite auch unharmonische Partialtöne ausgelöscht werden können, obgleich die Seitenröhren nur auf harmonische eingestellt sind, wird dadurch entkräftet, daß auch die Analysen von Klängen, die in dem Gebiet große Abstände zwischen den harmonischen Partialtönen aufweisen, in welchem nach L. HERMANN, GARTEN u. a. die Formanten liegen sollen, keine zum Grundton unharmonischen Elemente liefern.

---

[1] Beim Siebkettenverfahren, das von K. W. WAGNER in die Elektroakustik eingeführt wurde, fällt dieser Nachteil fort. Elektrotechnische Zs. 45(1924) S. 451.
[2] Diese Schwächung erstreckt sich nach STUMPF in mittleren Lagen des Tonreiches auf etwa eine kleine Terz nach unten und oben, in den höheren Lagen ab c_4 etwa auf eine große Terz, ab c_6 auf eine Quarte, bei c_7 auf eine halbe Oktave.
[3] S. GARTEN, Beiträge zur Vokallehre, Abh. d. Sächs. Akad. d. Wissensch. math.-phys. Kl. 38(1921) Nr. 7 S. 5ff. vergl. dazu auch: E. SCHUMANN, Die Garten'schen Beiträge zur Vokallehre, AfMw. 5(1923) S. 71–74.

Haben sich bei den Ab- und Aufbauversuchen Regionen herausgeschält, die für die Eigentümlichkeiten der betreffenden Klangfarbe entscheidend sind, so wird die entscheidende Wirkung dieser charakteristischen Tongebiete durch Lücken- und Stichversuche (Ausschaltung kleinerer mittlerer Zonen oder einzelner Tonhöhen) bestätigt. Um bei der Beurteilung der Stichwirkung keinem Fehlurteil zu unterliegen, ist von den kleineren zu den größeren Einstellungen fortzuschreiten, denn nur so ist die Berücksichtigung der Wirkung ungerader Vielfache der den größeren Einstellungen entsprechenden Töne möglich, falls nicht schon vorher feststeht, daß die oberhalb einer gewissen Grenze liegenden Töne ohne Einfluß auf die Klangfärbung sind und die auszuschaltenden Klangbestandteile in dem sich unterhalb dieser Grenze bis zu einer Duodezime erstreckenden Tongebiet liegen. Dies gilt auch für die Lückenversuche.

Die Veränderung des Klanges durch die Röhrenleitung ist bei der Flöte, der Violine und Viola nicht auffällig, und die Klangfarbe ist im Beobachtungszimmer am Ende der Hauptleitung noch stets gut kenntlich. Für Oboe, Englischhorn und Klarinette gelang es, durch geeignete Stellung des Bläsers vor der Leitung die Klangfarbe zu erhalten, bei den Fagottversuchen muß die Leitung für Forte-Klänge verlängert werden, desgleichen für tiefere Blechblasinstrumente sowie für scharfe Klänge von Cello und Kontrabaß. In Zweifelsfällen sind vor jeder Interferenzreihe unwissentliche Erkennungsversuche vorgenommen worden.

Bei Einstellung von Seitenröhren zur Beseitigung der Obertöne tritt zwar physikalisch eine Schwächung des Grundtones auf, vergleiche LEWIN[1], für das Ohr macht sich dieser Einfluß aber nicht geltend.[2]

Da von fis_2 an die zur Auslöschung eines Tones notwendigen Einstellungen der Seitenröhren mit zunehmender Röhrenweite und zunehmender Schwingungszahl von den errechneten um wachsende Beträge abweichen, wurden von SCHUMANN bei seinen Inter-

---

[1] K. LEWIN, Über den Einfluß von Interferenzröhren auf die Intensität obertonfreier Töne, Psychologische Forschung 2(1922) S. 327–335.
[2] Was die Einwände gegen die von AUERBACH (Akustik, im 2. Band von WINKELMANNs Handb. d. Physik, 2. Aufl. Leipzig 1909 S. 598) und GARTEN (a. a. O.) behauptete Verstärkung der geraden Multipla und Erzeugung neuer Partialtöne durch die Interferenzeinrichtung betrifft, sei auf STUMPF (a. a. O. 1926 S. 39) verwiesen; dort (S. 40) auch die Bemerkungen über den Einfluß von Interferenzröhren auf die Intensität obertonfreier Töne.

ferenzversuchen die Werte der von STUMPF[1] aufgestellten Tabelle der Viertelwellenlängen für die chromatische Leiter, a_1 = 435 Hz) benutzt. In Spalte I der Tabelle 1 stehen die für Viertelwellenlängen in freier Luft (Temp. 18° C) berechneten Werte, in Spalte II die korrigierten Werte für eine Röhrenweite von 10 mm.

Note	n [Hz]	λ/4 [cm] I	λ/4 [cm] II	Note	n [Hz]	λ/4 [cm] I	λ/4 [cm] II	Note	n [Hz]	λ/4 [cm] I	λ/4 [cm] II
c_1	259	33,0		c_3	1035	8,3	8,0	c_5	4138	2,1	1,8
cis_1	274	31,1		cis_3	1096	7,8	7,6	cis_5	4384	2,0	1,7
d_1	290	29,4		d_3	1161	7,4	7,2	d_5	4645	1,8	1,6
dis_1	308	27,7		dis_3	1230	6,9	6,8	dis_5	4921	1,7	1,5
e_1	326	26,2		e_3	1304	6,6	6,4	e_5	5214	1,6	1,4
f_1	345	24,7		f_3	1381	6,2	6,0	f_5	5524	1,6	1,3
fis_1	366	23,3		fis_3	1463	5,8	5,6	fis_5	5853	1,5	1,2
g_1	388	22,0		g_3	1550	5,5	5,2	g_5	6201	1,4	1,1
gis_1	411	20,8		gis_3	1642	·5,2	4,9	gis_5	6569	1,3	1,0
a_1	435	19,6		a_3	1740	4,9	4,6	a_5	6960	1,2	1,0
ais_1	461	18,5		ais_3	1843	4,6	4,3	ais_5	7374	1,2	0,9
h_1	488	17,5		h_3	1953	4,4	4,1	h_5	7812	1,1	0,8
c_2	517	16,5		c_4	2069	4,1	3,9	c_6	8277	1,0	0,7
cis_2	548	15,6		cis_4	2192	3,9	3,7	d_6	9290	0,9	0,6
d_2	581	14,7		d_4	2323	3,7	3,5	e_6	10428	0,8	0,5
dis_2	615	13,9		dis_4	2461	3,5	3,3	g_6	12401	0,7	0,4
e_2	652	13,1		e_4	2607	3,3	3,1	c_7	16554	0,5	0,3
f_2	691	12,4	12,4	f_4	2762	3,1	2,9				
fis_2	732	11,7	11,6	fis_4	2926	2,9	2,7				
g_2	775	11,0	10,8	g_4	3100	2,8	2,5				
gis_2	821	10,4	10,1	gis_4	3285	2,6	2,3				
a_2	870	9,8	9,5	a_4	3480	2,5	2,1				
ais_2	921	9,3	9,0	ais_4	3687	2,3	2,0				
h_2	977	8,7	8,5	h_4	3906	2,2	1,9				

Tabelle 1. Korrekturtabelle für das STUMPFsche Interferenzfilter. Erläuterungen im Text.

Ob ein Ton wirklich vernichtet ist, wird am einwandfreiesten mit der Probe durch schwebende Hilfsgabeln, die annähernd auf den auszulöschenden bzw. den in einem Klange noch vermuteten Ton gestimmt sind, nachgewiesen. Selbst wenn bei isoliertem Partialton fast nichts zu hören ist, so daß Zweifel an seinem Vorhandensein auftreten, ist seine Existenz beim gleichzeitigen Erklingen einer annähernd gleich gestimmten Gabel durch die dann auftretenden Schwebungen nachzuweisen. Für den Nachweis der Oktave des Grundtones ist bei Anwendung dieser Probe jedoch Vorsicht ge-

---

[1] C. STUMPF, a. a. O. 1926 S. 47.

boten, denn hier machen sich auch Schwebungen[1] bemerkbar, wenn der zweite Partialton gar nicht vorhanden ist. Diese zwischen dem Grundton und dem Hilfsgabelton gebildeten Schwebungen sind zwar – wenn auch schwer – zu unterscheiden von denjenigen, die Hilfsgabelton und etwa vorhandener zweiter Partialton miteinander ergeben; doch auch C. STUMPF empfiehlt für diese Fälle, auf die Hilfsgabel zu verzichten und den Grundton auszulöschen, so daß die Oktave, wenn vorhanden, dann isoliert hörbar wird.[2]

Bei den Interferenzversuchen dienten für die Stärkebestimmung der Teiltöne die auf Seite 10 besprochenen subjektiven Kategorien.

Bestätigung der Analysen durch die Klangsynthese

Der entscheidende Beweis für die Richtigkeit der mit Hilfe der Resonanz- und Interferenzmethode gewonnenen Resultate wird durch die künstliche Zusammensetzung der Klänge aus ihren letzten Bestandteilen, den Sinustönen, geliefert. Voraussetzung ist, daß vollkommen einfache Töne zur Verfügung stehen. Diese Forderung wurde seinerzeit einwandfrei nur von der auch zu den Versuchen SCHUMANNs benutzten Einrichtung C. STUMPFs erfüllt[3]; hier läßt sich die Bedeutung der einzelnen Strukturelemente eines Klanges für seinen spezifischen Charakter eindeutig feststellen, denn für das Ausprobieren aller möglichen Kombinationen und Intensitätsverhältnisse sind vollkommen einfache Töne vorhanden; und die Intensität eines jeden Tones ist in weitem Maße veränderlich.

[1] Vgl. auch: G. v. BÉKÉSY, Die Theorie der Schwebungen, Physikalische Zs. 30(1929) Nr. 21 S. 726.
[2] Über das verschiedene Verhalten der Beobachter beim Auf- und Abbau, die analysierende Einstellung, die Beschreibung des Gehörten, und über die Gründe, weshalb dem unwissentlichen Querschnittverfahren ein wissentliches Längsschnittverfahren bei den Interferenzversuchen vorzuziehen ist, vgl. C. STUMPF, a. a. O. 1926 S. 49 ff.
[3] Zwar ist zuvor die Nachbildung von Klängen auch schon von anderen Forschern durchgeführt bzw. versucht worden. Aber ein endgültiges Urteil über die Strukturgesetzlichkeiten der Klänge war auf Grund dieser Synthesen oder Pseudo-Synthesen nicht möglich, denn die benutzten Tonquellen waren nicht obertonfrei. Dies gilt auch für die von HELMHOLTZ mit elektromagnetisch erregten Stimmgabeln durchgeführten Versuche, deren Intensität durch Abstandsänderungen vorgesetzter Resonatoren variiert wurde und auch für die Vokalsynthesen D. C. MILLERs (The Science of Musical Sounds, New York 1916 und 1922), der Systeme von gedackten Pfeifen benutzte.

Mit dieser Einrichtung hat auch C. STUMPF die Richtigkeit der HELMHOLTZschen Absoluttheorie gegen die HERMANNsche Lehre[1] entschieden, denn die Rolle eingefügter unharmonischer Kombinationen konnte leicht demonstriert werden.[2]

*Die STUMPFsche Einrichtung
zur Analyse und Synthese von Klängen*

Die im vorigen Abschnitt beschriebene Einrichtung zur Analyse von Klängen ist in dem folgenden Leitungsschema für die Synthese mit eingezeichnet.

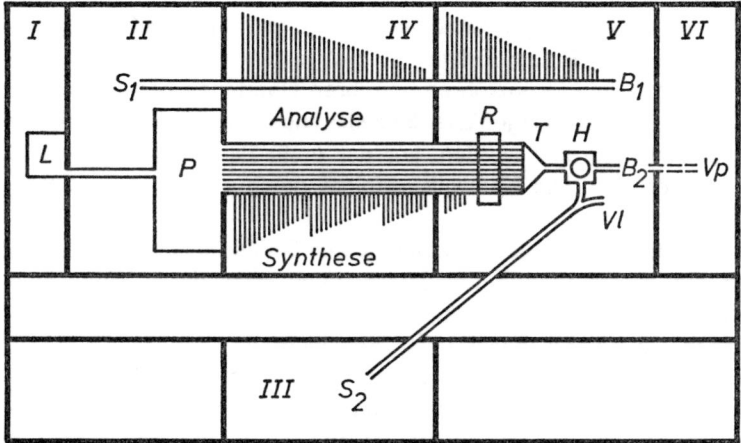

Bild 3. Schematische Darstellung der von SCHUMANN benutzten STUMPFschen Einrichtung. (Erläuterungen im Text.)

[1] L. HERMANN, Phonophotographische Untersuchungen, (Pflügers) Archiv f. d. ges. Physiologie 45(1889) bis 150(1913), besonders 47(1890) S. 351. HERMANN behauptete, daß die Formanten nicht harmonische Partialtöne zu sein brauchten.
[2] Von den Schädigungen des Klanges, die durch das Vorhandensein unharmonischer Partialtöne auftreten können, nennt C. STUMPF folgende Fälle: 1. Schwebungen zwischen harmonischen und unharmonischen Partialtönen, 2. mehr oder minder ausgeprägter Übelklang gegenüber dem Gefühlswert des besonders durch die ersten sechs Partialtöne der Obertonreihe betonten Dur-Dreiklangs, 3. Störung der für den Klangeindruck unentbehrlichen Einheitlichkeit, und 4. schwächerer Grundton, weil nicht mehr genügend durch „Differenzton" verstärkt. (Anmerkung des Verfassers: besser: durch „Residualton" verstärkt.) a. a. O. 1926 S. 189, 190.

Von Zimmer II führte die für die Analyse benutzte Hauptleitung von S_1 durch Zimmer IV bis zum Zimmer V, wo am Schluß der Leitung bei B_1 abgehört wurde. In IV und V waren in die Hauptleitung Interferenzsysteme mit Seitenröhren einfügbar.

Die Sinustöne der Einrichtung für die Synthese lieferten 26 Pfeifen in P, Zimmer II, jede mit einem ihrem Grundton entsprechenden Resonator verbunden. Davon entsprachen 16 einer lückenlosen Partialtonreihe auf dem Grundton c_0, ferner waren Pfeifen für den 18., 20., 22., 24., 26., 28., 30., 32., 40. und 48. Partialton vorhanden.

Der Anblaseluftstrom von einem im Zimmer I untergebrachten Ventilator L erzeugt, passierte vor der Verteilung auf die einzelnen Pfeifen ein Magazin, welches den Winddruck regelte und konstant hielt.

Für jeden Pfeifenton führte eine besondere Röhrenleitung aus Zinnblech von P zum Zimmer V. In IV und V wurden die Pfeifentöne durch Interferenzröhren von ihren Obertönen befreit, so daß in V, wo die Mündungen aller Einzelleitungen in einem Gipsverband zusammengedrängt wurden, nur der erste Partialton jeder Pfeife zu hören war. Die Kontrolle erfolgte durch schwebende Stimmgabeln.

Jeder dieser 26 Sinustöne konnte durch Einführen eines Röhrchens in die entsprechende Leitungsmündung oder durch Wegnahme aller anderen Partialtöne durch Abstellen der entsprechenden Pfeifen in P, Zimmer II, isoliert beobachtet werden.

Lücken- und Stichversuche waren durch Verstopfen der entsprechenden Einzelleitungsmündungen mittels kleiner Kork- oder Gummistöpsel möglich, wenn nicht, wie es bei starken tiefen Tönen erforderlich war, vorgezogen wurde, die entsprechenden Pfeifen in P abzustellen.

Die Stärkeregulierung erfolgte in Zimmer V bei R, also nachdem der Ton die Pfeife verlassen hatte[1] und von seinen Obertönen befreit war, durch Zusammendrücken von Schlauchstücken, welche die Metalleitung an dieser Stelle ersetzten. So konnten die ein-

---

[1] Die Konstanthaltung des Anblaseluftstromes und die Vermeidung jeder Tonhöhenänderung gehörten mit zu den größten Vorzügen der STUMPFschen Einrichtung gegenüber der von D. C. MILLER, welcher – abgesehen davon, daß er keine einfachen Töne als Bausteine für seine Synthesen verwendete – die Stärkeregulierung durch Ändern des Anblasedruckes vornahm. Hiermit sind aber Tonhöhenänderungen verbunden; deshalb wird für jede Klangfarbe ein besonderes Pfeifensystem notwendig.

zelnen Sinustöne von ihrer vollen Intensität bis zum Verschwinden geschwächt werden, indem die betreffenden Schlauchklemmen mehr und mehr zusammengeschraubt wurden.[1]
Zum Abhören des synthetischen Klanges wurden die Sinustöne durch einen abnehmbaren Ansatz T in eine gemeinschaftliche Mündung geführt. Von hier wurde der künstliche Klang durch einen Schlauch zu einem Hahn H geleitet und von diesem zum Ohr bei B_2.
Außerdem konnte anstelle des künstlichen Klanges durch Drehen des Hahnes ein im Zimmer III bei S_2 erzeugter, durch eine besondere, sehr weite Leitung bis zum Hahn geführter natürlicher Klang zum Ohr bei B_2 gelangen. So war ein ständiger Vergleich zwischen künstlichem und natürlichem Klang möglich. Durch Regulieren der Intensität bei R gelang es stets, Gleichheit zu erreichen. Freilich mußten durch vorherige Analysen die Bedeutung der einzelnen Strukturelemente des betreffenden Klanges für seinen typischen Charakter aufgewiesen sein; einfaches Probieren wäre unpraktisch und langwierig gewesen.
Die Dauer der Darbietung des künstlichen und natürlichen Klanges, wie auch die des isolierten künstlichen Klanges wurde zweckmäßig auf ein kurzes Zeitintervall, etwa eine Sekunde, beschränkt, damit die beim natürlichen Klang unvermeidlichen kleinen Höhen-, Intensitäts- und Klangfarbenschwankungen nicht als Unterscheidungsmerkmale dienen konnten, die beim künstlichen zwar auch nachgeahmt werden können, für die spezifischen Unterschiede der verschiedenen Klangfarben aber nicht wesentlich sind. Aus demselben Grunde wurde auch der Einsatz des Instrumentalklanges durch entsprechende Drehung des Hahnes durch den Versuchsleiter Vl, der an einer Zweigleitung in Zimmer V mithörte, abgeschnitten.
Für unwissentliche Versuche, bei denen die Versuchspersonen Vp in Unkenntnis über Versuchseinrichtung und Zweck, die Art der Klangfarbe, den Grad der Vollkommenheit oder den Mangel zu beurteilen hatten, konnte die Leitung bis zum Zimmer VI verlängert werden.

---

[1] Über die subjektive Stärkebestimmung vgl. S. 10.

Objektive Klangaufzeichnung

Zur Erweiterung und Bestätigung der mit vorstehenden Methoden gewonnenen Resultate wurde von SCHUMANN die objektive Klangaufzeichnung für alle Instrumente durchgeführt.

Als Klangaufnahme- und Aufzeichnungsgerät fand ein Kondensatormikrofon in Hochfrequenzschaltung und eine oszillografische Registriervorrichtung der Firma Siemens Verwendung. F. TRENDELENBURG hatte unter Benutzung des RIEGGERschen Kondensatormikrofons[1] die Brauchbarkeit einer derartigen Aufnahme- und Aufzeichnungsvorrichtung nachgewiesen und die Schaltung mehrfach veröffentlicht.[2]

Um die besonders bei tiefen und starken Blechblasinstrumenten auftretenden Übersteuerungen des Verstärkers zu vermeiden, wurde dieser umgebaut, insbesondere die Leistung der Endstufe erhöht.

Ferner fand außer dem zunächst gebrauchten RIEGGERschen Kondensatormikrofon für eine zweite Aufnahmereihe ein von E. C. WENTE angegebenes Kondensatormikrofon Verwendung, das auf Grund der Beschreibung[3] nachgebaut wurde.

Die Fourier-Analyse der registrierten Kurven erfolgte z. T. mechanisch mit Hilfe eines MADERschen Analysators[4], zum Teil rechnerisch unter Benutzung der POLLACKschen Tabellen[5].

---

[1] H. RIEGGER, Über klanggetreue Schallaufnahme, Verstärkung und Wiedergabe, Zs. f. techn. Physik 5(1924) S. 577.

[2] F. TRENDELENBURG, Objektive Klangaufzeichnung mittels des Kondensatormikrophons, 1. Teil Meßmethodik und Schlüsse über die physikalische Natur der Vokalklangfarben, 2. Teil Zur Physik der Konsonanten, Wissensch. Veröffentl. Siemens-Werke 3(1924) H. 2 S. 43 ff. u. 4(1925) H. 1 S. 1–13.

[3] E. C. WENTE, A Condensor Transmitter as a Uniformly Sensitive Instrument for the Absolute Measurement of Sound Intensity, Phys. Rev. 10(1917) S. 39–63.

[4] H. BACKHAUS, Elementare Schwingungslehre, S. 23 im Handbuch der Physik, Hrsg. H. GEIGER u. K. SCHEEL, Bd. 8 Akustik, Berlin 1927.

[5] L. W. POLLACK, Rechentafeln zur harmonischen Analyse, Leipzig 1926.

Die Klangfarbe der menschlichen Stimme und der Musikinstrumente

Die Ergebnisse der HELMHOLTZschen Klangfarbenuntersuchungen enthielten in sich einen Widerspruch. Vokale und instrumentale Klangfarben ähneln sich häufig. Weshalb sollte für beide nicht dasselbe Gesetz Gültigkeit haben?
Diese Frage stellte sich 1923 E. SCHUMANN und beantwortete sie 1929[1] nach umfangreichen, in den Jahren 1923 bis 1929 unternommenen Versuchen. Sie wurden angestellt mit der von HELMHOLTZ und STUMPF benutzten Resonanzmethode, ferner mit dem von STUMPF benutzten Interferenzverfahren (Analyse und Synthese), sowie unter Verwendung der oszillographischen Methode (elektroakustische Aufzeichnung der Schwingungskurve und deren Analyse nach FOURIER). Diese Methoden wurden im vorangegangenen Kapitel beschrieben.
E. SCHUMANN konnte grundlegende Klangfarbengesetze aufstellen und widerlegte damit die HELMHOLTZsche Relativtheorie (siehe Seite 30 ff.).
Zuvor hatte C. STUMPF 1918[2] auf Grund klassischer Experimente die Absoluttheorie für die Sprachlaute bestätigt und wesentlich erweitert.

---

[1] E. SCHUMANN, a. a. O. 1929.
[2] C. STUMPF, a. a. O. 1918 S. 333 ff.
    Ders., a. a. O. 1926.

Die Untersuchungen von C. STUMPF
zur Struktur der Vokale

STUMPF klärte zunächst die Frage, ob die Formanten unharmonisch zum Grundton sein können. L. HERMANN hatte nämlich behauptet, daß sie nicht harmonische Partialtöne des Grundtones zu sein brauchen, sondern sogar fast immer unharmonisch zum Grundton sind. Neben harmonischen Partialtönen sollten sie in dem betreffenden Vokalklang nachweisbar sein. SAMOJLOFF[1], NAGEL[2], SCRIPTURE[3] sowie GARTEN und KLEINKNECHT[4] traten ihm bei.

Unharmonische Formanten wären aber mit Hilfe des Interferenzverfahrens[5] festzustellen gewesen. STUMPF fand sie aber bei keiner seiner sorgfältigen und zahlreichen Analysen. W. KOEHLER[6] und F. TRENDELENBURG[7] bestätigten die HELMHOLTZ-STUMPFsche Lehre der „harmonischen Formanten" (d. h. der aus harmonischen Teiltönen bestehenden Formanten).
Nach STUMPF ist für die Farbe eines Vokals nicht nur ein an eine

---

[1] A. SAMOJLOFF, Zur Vokalfrage, (Pflügers) Archiv f. d. ges. Physiologie 78(1899) S. 1–26 u. 27–37.
[2] W. NAGEL, Physiologie der Stimmwerkzeuge, im Handb. d. Physiologie d. Menschen, Hrsg. W. NAGEL, Braunschweig 1904 Bd. 4 S. 691 ff.
[3] E. W. SCRIPTURE, Researches in Experimental Phonetics, Washington 1906.
[4] S. GARTEN, a. a. O., H. 7, 8, 9 mit F. KLEINKNECHT.
[5] Ausführliche Beschreibung siehe S. 11 ff.
[6] W. KOEHLER, a. a. O. 1910, 1911, 1913, 1915, 1924.
[7] F. TREDELENBURG, a. a. O. 1924 u. 1925.

Tabelle 2. Vokal-Formantzentren.
Die Zentren der Hauptformantregionen sind durch Kreise gekennzeichnet.

feste Tonhöhe gebundener Partialton des Klanges, sondern eine an eine feste Tonstrecke gebundene Tonregion, die *Formantregion*, in der der Formant Mitte und meist Maximum ist, bestimmend.

Die von STUMPF[1] für die gesungenen Vokale ermittelten Zentren der Hauptformant- sowie der Ober- bzw. Unterformantregionen sind in Tabelle 2 Seite 23 zusammengestellt.

Eine Übersicht der vom STUMPF[2] gefundenen entscheidenden Hauptformantregionen gesungener Vokale vermittelt Tabelle 3.1.
Als Gesamtumfänge der mit dem Interferenzverfahren für die Grundtöne C bis ges_1 (c_2) ermittelten Formantregionen ergeben sich die in der 1. Spalte aufgeführten Tongebiete.
Als Zentralstrecken innerhalb dieser Formantregionen erwiesen sich die in Spalte 2 aufgeführten, mit dem Interferenzverfahren ermittelten Formantzentralstrecken. Sie gelten gemeinschaftlich für Vokale mit den Grundtönen Ges bis ges_1.

Die Hauptformantregionen der einzelnen Vokalklänge mit den Grundtönen
C   Ges   c   ges c_1 ges_1 c_2
sind in Tabellen 3.2 bis 3.8 Seiten 25 und 26 zusammengestellt.

Vokale	Gesamtumfänge	Zentralstrecken
O	$e_1 - ges_2$ (c_3)	$g_1 - c_2$ (ges_2)
A	$c_2 - ges_3$ (c_4)	$ges_2 - d_3$
Ö	$f_3 - e_4$ (b_4)	$b_3 - d_4$
Ä	$b_3 - as_4$ (b_4)	$des_4 - es_4$
Ü	$ges_3 - as_4$ (b_4)	$des_4 - es_4$
E	$ges_3 - as_4$ (b_4)	$des_4 - f_4$
I	$c_4 - as_4$ (b_4)	$e_4 - g_4$

Tabelle 3.1. Vokal-Formantregionen.

[1] C. STUMPF, a. a. O. 1918 S. 351 und 1926 S. 179.
[2] Ders., a. a. O. 1926 S. 66 u. 68.

Grundton	Formantregionen	
C	e_1	– $g_1(c_2)$
Ges	ges_1	– des_2
c	g_1	– c_2
ges	ges_1	– des_2
c_1	c_2	
ges_1	ges_2	
c_2	c_3	

Tabelle 3.2. Vokal O.

Grundton	Formantregionen	
C	c_2	– $g_2(e_3)$
Ges	des_2	– as_2
c	e_2	– d_3
ges	des_2	– e_3
c_1	g_2	– e_3
ges_1	ges_2	– ges_3
c_2	c_3	– c_4

Tabelle 3.3. Vokal A.

Grundton	Formantregionen	
C	f_3	– as_3
Ges	as_3	– h_3
c	g_3	– d_4
ges	as_3	– e_4
c_1	g_3	– d_4
ges_1	b_3	– e_4
c_2	$c_4(e_4)$	– b_4

Tabelle 3.4. Vokal Ö.

Grundton	Formantregionen	
C	a_3	– des_4
Ges	b_3	– d_4
c	$h_3(c_4)$	– e_4
ges	c_4	– e_4
c_1	c_4	– e_4
ges_1	des_4	– as_4
c_2	$e_4(g_4)$	– b_4

Tabelle 3.5. Vokal Ä.

Grundton	Formantregionen	
C	ges_3	– d_4
Ges	b_3	– d_4
c	h_3	– fis_4
ges	b_3	– ges_4
c_1	c_4	– ges_4
ges_1	des_4	– as_4
c_2	c_4	– b_4

Tabelle 3.6. Vokal U.

Grundton	Formantregionen	
C	as_3	– d_4
Ges	b_3	– f_4
c	h_3	– g_4
ges	c_4	– f_4
c_1	c_4	– fis_4
ges_1	des_4	– as_4
c_2	e_4	– b_4

Tabelle 3.7. Vokal E.

Grundton	Formantregionen
C	$a_3 - d_4$
Ges	$c_4 - ges_4$
c	$des_4 - a_4$
ges	$des_4 - b_4$
c_1	$d_4 - a_4$
ges_1	$e_4 - as_4$
c_2	$g_4 - b_4$

Tabelle 3.8. Vokal I.

TRENDELENBURG[1] erkannte für die Vokale A, O und U in der Gegend von 2800 bis 3200 Hz, also etwa um gis_4, typische Teiltöne, die die persönliche Klangfarbe ausmachen; z. B. bedingen starke Komponenten in diesem Gebiet eine „metallisch harte persönliche Klangfarbe", während die schwächere Ausbildung dieser Partialtonstrecke einen weicheren Klangcharakter zur Folge hat.

STUMPF gelang es auch, die Struktur der Flüstervokale und Konsonanten zu klären.
Die wiederum unter Benutzung des Interferenzverfahrens erarbeiteten Ergebnisse seiner entsprechenden klassischen Analysen[2] sind in Tabelle 4 wiedergegeben.
Die stark ausgezogenen Linien bedeuten die Formantstrecken. An sie schließen sich aber nach oben hin noch gestrichelte und punktierte Linien an: in diesem Bezirk vervollkommnen sich die Vokale noch etwas, diese Gegenden sind aber für den spezifischen Charakter nicht mehr ausschlaggebend.
Die x-Zeichen bedeuten die Flüsterhöhen.
Die Formanten haben von U bis I dieselbe Ordnung wie bei den gesungenen Vokalen. Auch ihre absolute Höhe ist die gleiche. Die Formantstrecke des I ist aber nach oben um eine Quinte verlängert. Die hellen Vokale von Ö an weisen wie die stimmhaften Vokale die (gleichen) Unterformanten auf: für Ö und E ein O, für Ä ein AO, für Ü und I ein U.

[1] F. TRENDELENBURG, Zur Physik der Klänge, Die Naturwissenschaften 12(1924) S. 661, 13(1925) S. 772 u. 15(1927) S. 297.
[2] C. STUMPF, a. a. O. 1926, S. 107.

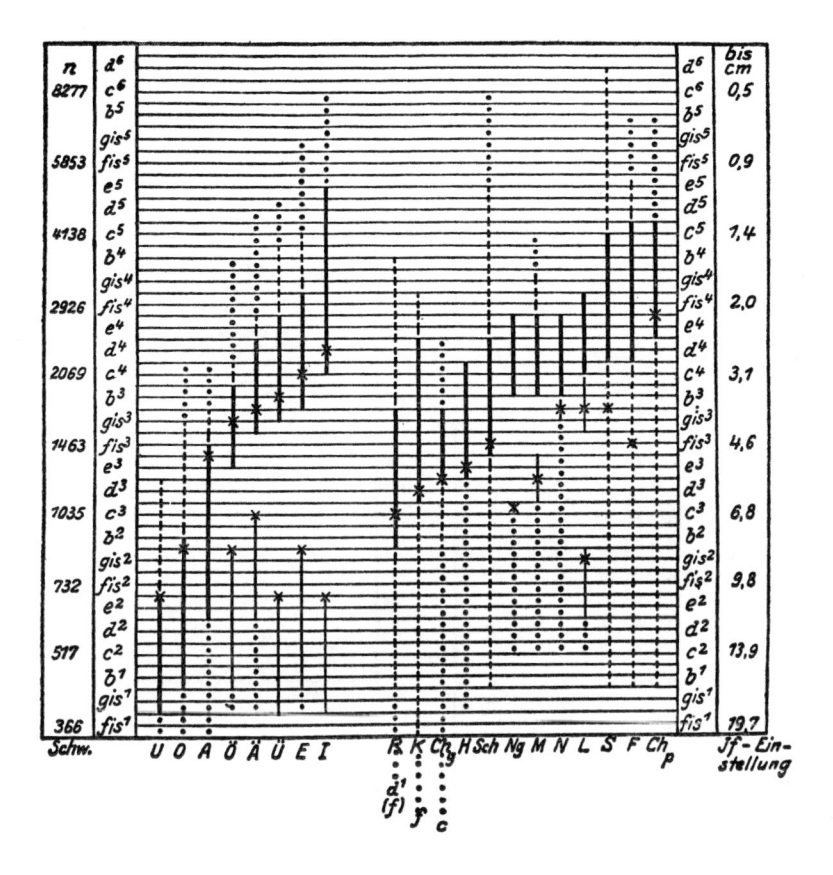

Tabelle 4. Struktur der Flüstervokale.
Erläuterungen im Text.

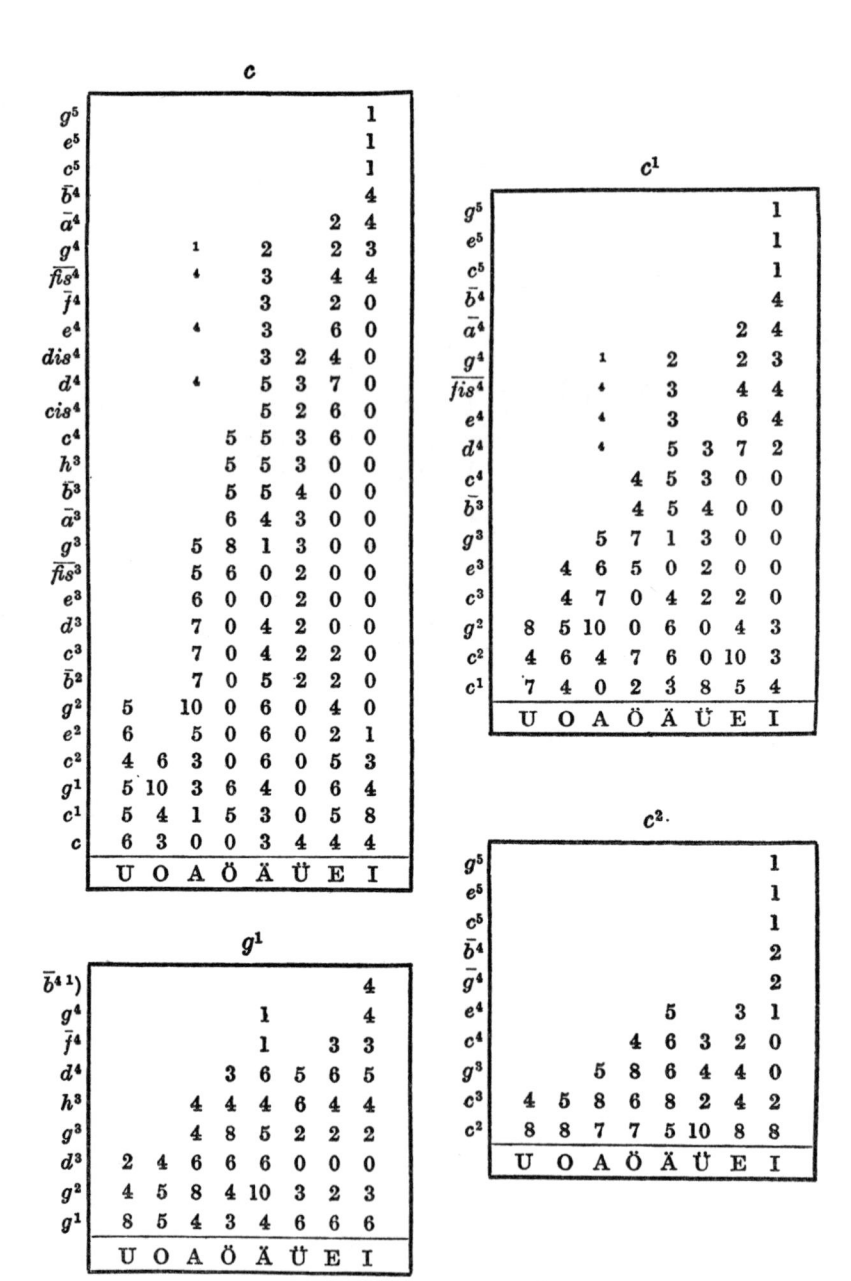

Tabelle 5. Synthese-Tabellen stimmhafter Vokale.

c

	U	O	A	Ö	Ä	Ü	E	I
g^5								1
e^5								1
c^5								1
$\bar{b}^4$								4
$\bar{a}^4$							2	4
g^4		1		2			2	3
$\overline{fis}^4$		4		3			4	4
$\bar{f}^4$				3			2	0
e^4		4		3			6	0
dis^4				3	2		4	0
d^4		4		5	3		7	0
cis^4				5	2		6	0
c^4			5	5	3		6	0
h^3			5	5	3		0	0
$\bar{b}^3$			5	5	4		0	0
$\bar{a}^3$			6	4	3		0	0
g^3		5	8	1	3		0	0
$\overline{fis}^3$		5	6	0	2		0	0
e^3		6	0	0	2		0	0
d^3		7	0	4	2		0	0
c^3		7	0	4	2	2	0	
$\bar{b}^2$		7	0	5	2	2	0	
g^2	5	10	0	6	0	4	0	
e^2	6	5	0	6	0	2	1	
c^2	4	6	3	0	6	0	5	3
g^1	5	10	3	6	4	0	6	4
c^1	5	4	1	5	3	0	5	8
c	6	3	0	0	3	4	4	4

c^1

	U	O	A	Ö	Ä	Ü	E	I
g^5								1
e^5								1
c^5								1
$\bar{b}^4$								4
$\bar{a}^4$							2	4
g^4		1		2			2	3
$\overline{fis}^4$		4		3			4	4
e^4		4		3			6	4
d^4		4		5	3		7	2
c^4			4	5	3		0	0
$\bar{b}^3$			4	5	4		0	0
g^3		5	7	1	3		0	0
e^3		4	6	5	0	2	0	0
c^3		4	7	0	4	2	2	0
g^2	8	5	10	0	6	0	4	3
c^2	4	6	4	7	6	0	10	3
c^1	7	4	0	2	3	8	5	4

g^1

	U	O	A	Ö	Ä	Ü	E	I
$\bar{b}^{4\,1)}$								4
g^4				1				4
$\bar{f}^4$				1			3	3
d^4			3	6	5		6	5
h^3		4	4	4	6		4	4
g^3		4	8	5	2		2	2
d^3	2	4	6	6	6	0	0	0
g^2	4	5	8	4	10	3	2	3
g^1	8	5	4	3	4	6	6	6

c^2

	U	O	A	Ö	Ä	Ü	E	I
g^5								1
e^5								1
c^5								1
$\bar{b}^4$								2
$\bar{g}^4$								2
e^4				5			3	1
c^4			4	6	3		2	0
g^3		5	8	6	4		4	0
c^3	4	5	8	6	8	2	4	2
c^2	8	8	7	7	5	10	8	8

[1] Für das fehlende b_4 konnte hier ohne Schaden b_4 oder c_5 eingesetzt werden.

Besiegelt wurden die STUMPFschen Resultate durch die von ihm vorgenommenen Vokalklang-Synthesen, für die er erstmalig nur einfache Töne benutzte.

Diese exakten Synthesen sind das stärkste Argument für die Gültigkeit der Ergebnisse der Analysen und gegen die These des Vorhandenseins unharmonischer Klangkomponenten.

Die von STUMPF[1] bei seinen Vokalklangsynthesen ermittelten Partialtonintensitäten sind in Tabelle 5 auf Seite 28 wiedergegeben.

---

[1] C. STUMPF, a. a. O. 1918 S. 349 und a. a. O. 1926 S. 176.

Die Untersuchungen von E. SCHUMANN zur Struktur der Instrumentalklänge

Die Klangfarbengesetze

SCHUMANN stellte auf Grund der Ergebnisse seiner Experimente, die mit den auf Seite 21 erwähnten Methoden durchgeführt wurden, folgende vier Gesetze zur Physik der Klangfarben auf und widerlegte damit die HELMHOLTZsche Relativtheorie:

Formantstreckengesetz

Die Klangfarbe der Musikinstrumententöne wird – unabhängig von der Höhe des Grundtones – von an feste Tonhöhen gebundenen Frequenzbereichen, den „Formantstrecken" oder „Formantregionen", bestimmt. Diese Zonen sind durch stärkere Partialtöne ausgezeichnet.
Daß es sich dabei um feste, d. h. an bestimmte Tonhöhen gebundene Formantstrecken handelt, geht aus folgendem hervor: Mit steigendem Grundton und bei gleichbleibender Stärke eines Instrumentalklanges verharrt das Maximum innerhalb der Formantstrecke so lange auf dem Teilton gleicher Ordnungszahl, bis dieser die obere Grenze der Formantstrecke erreicht. Dann, d. h. bei weiterem Ansteigen des Grundtones, rückt das Maximum auf einen in der gleichen Formantstrecke befindlichen, oder von unten gerade in sie eintretenden Partialton niederer Ordnungszahl herab.

Akustisches Verschiebungsgesetz

Bei Steigerung der Intensität eines Klanges verlagert sich das Maximum auf Partialtöne höherer Ordnungszahlen. Die oberen Komponenten des Partialtongerüstes werden dann im allgemeinen stärker, die unteren schwächer. Neben dieser allgemeinen Intensitäts-Verlagerungstendenz zeichnet sich innerhalb der Formantstrecken im besonderen noch ein Stärkerwerden der höher gelegenen Klangkomponenten ab.

Akustisches Sprunggesetz

Bei Klängen mit zwei Formantstrecken überspringt bei sehr starker Tongebung das in p-Klängen im unteren Formantbereich liegende Maximum die zwischen den Formantstrecken gelegenen Partialtöne, um einen Partialton der oberen Formantstrecke auszuzeichnen.

Formanten-Intervallgesetz

Neben der absoluten Höhe der Formantstrecken und neben der (sich aus den Intensitäten der Partialtöne ergebenden) Klangstärke ist für die Färbung des Klanges noch das Intervall entscheidend, das, unabhängig von der Höhe des Grundtones, der stärkste Partialton der einen Formantstrecke mit dem stärksten Partialton der anderen Formantstrecke bildet.
Die für die einzelnen Orchesterinstrumente charakteristischen festen Frequenzverhältnisse sind z. B. für die Oboe 1:2, für das Englischhorn 2:5, für das Fagott 3:8.

Erläuterung und Begründung

Zum Formantstreckengesetz

Nach dem Formantstreckengesetz ist es also nicht so, daß – wie HELMHOLTZ meinte – stets ein Partialton bestimmter Ordnungszahl (bei einem bestimmten Musikinstrument, z. B. der Flöte, immer der zweite, bei der Oboe der 4. und 5. Partialton) für die Färbung des Instrumentenklanges ausschlaggebend ist. Um das Gegenteil der HELMHOLTZschen Lehrmeinung zu beweisen, vergleiche man die Analysen eines auf *demselben Grundton* in verschiedenen Stärkegraden dargebotenen musikalischen Tones. Folgende Zusammenstellung (Tabelle 6) zeigt, daß die charakteristische Färbung von gleich hohen Klängen desselben Instrumentes *nicht* davon abhängt, daß ein Partialton von bestimmter Ordnungszahl immer das absolute Maximum hat.

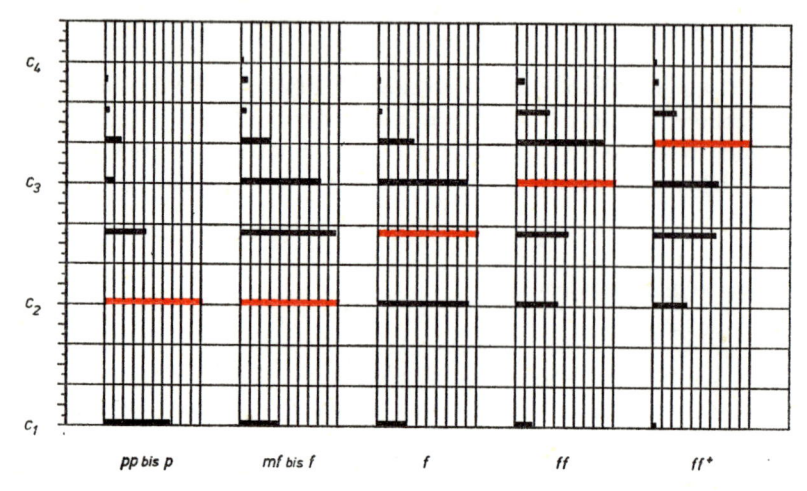

Tabelle 6. Ergebnisse der Fourieranalysen[1] von Oszillogrammen verschieden starker c_1-Klänge der Flöte.
Amplitudenwerte in Prozenten der rot gekennzeichneten größten Partialtonamplitude.

---

[1] Die Tabellen 6, 8 bis 31 und die Oszillogramme Bild 4 und 5 entsprechen denen, die E. SCHUMANN a. a. O. 1929 mitgeteilt hat. In Klammern die entsprechenden Seitenzahlen der SCHUMANNschen Arbeit, zitiert nach Korrekturabzug Leipzig 1940. Tabelle 6 (17), 8 (38 u. 39), 9 (40 u. 41), 10 (167), 11 (104), 12 (105), 13 (106 u. 107), 14 (65 u. 71), 15 (132 u. 133), 16 (131), 17 (186), 18 (184 u. 185), 19 (187), 20 (212 u. 213), 21 (211), 22 (121), 23 (154), 24 (193), 25 (65), 26 (199), 27 (99), 28 (100), 29 (130), 30 (129), 31 (209), Bild 4 (148) und Bild 5 (126).

Die Amplitudenwerte des einem pp- bis p-Klang entsprechenden Partialtongerüstes

rel. Amplitudenwerte	0,68	1,00	0,42	0,10	0,17	0,04	0,02	0
Partialton-Nr.	1	2	3	4	5	6	7	8

lassen nicht erkennen, daß der drittstärkste Partialton, die Duodezime g_2, die höchste Bedeutung für die Klangfärbung besitzt. Diese Tatsache lieferten aber durchweg die Interferenzversuche mit p- bis pp-Klängen auf c_1. Auch den Partialtongerüsten der ff- und ff$^+$-Klänge ist nicht zu entnehmen, welche Komponente die stärkste färbende Wirkung hat.
Die Überlegenheit des Interferenzverfahrens im Vergleich mit der oszillografischen Methode tritt hier klar zutage[1].

Für die Tatsache der Bindung der Formantstrecke an einen festen Frequenzbereich ist das Rücken des Maximums auf tiefere Partialtöne bei steigendem Grundton eines gleich stark angegebenen Instrumentaltones ein überzeugender Beweis. Dies läßt die schematische Zusammenstellung Tabelle 7 Seite 34 erkennen, in der die Partialtongerüste eines nur eine Formantstrecke aufweisenden Musikinstrumentes mit angenommenem dynamischen Zentrum fis$_3$ gegenübergestellt sind. Das Maximum rückt vom 6. Partialton (g_3) des c_1-Klanges herab auf den 5. Partialton (fis$_3$) des d_1-Klanges, dann auf den 4. Partialton (f_3) des f_1-Klanges und auf den 3. Partialton (e_3) des a_1-Klanges.

Dasselbe wird verdeutlicht durch die Zusammenstellungen der Ergebnisse der Fourieranalysen von p- und forte-Klängen der Flöte der Tabellen 8 und 9 auf den Seiten 36/37 und 38/39.

Die fast gleich starken Partialtöne c_2 und c_3 der dem p-Klang auf c_2 entsprechenden Skala in Tabelle 8 und die fast gleich starken Partialtöne e_2 und h_2 der dem forte-Klang auf e_1 entsprechenden Skala in Tabelle 9 deuten darauf hin, daß das dynamische Zentrum der für die Flöte charakteristischen Formantstrecke etwa die Gegend g_2 bis gis$_2$ ist.

---

[1] Die Bemerkung SCHUMANNs a. a. O. 1929 S. 19: „... übertrifft das Interferenzverfahren alle objektiven Verfahren" müßte wohl abgewandelt werden in „... übertrifft das Interferenzverfahren alle bisher bekannten objektiven Verfahren", denn heute wäre es wie mit dem Interferenzverfahren möglich, auch mit elektroakustischen Methoden Ausfall-, Lücken-, Isolier- und Stichversuche durchzuführen.

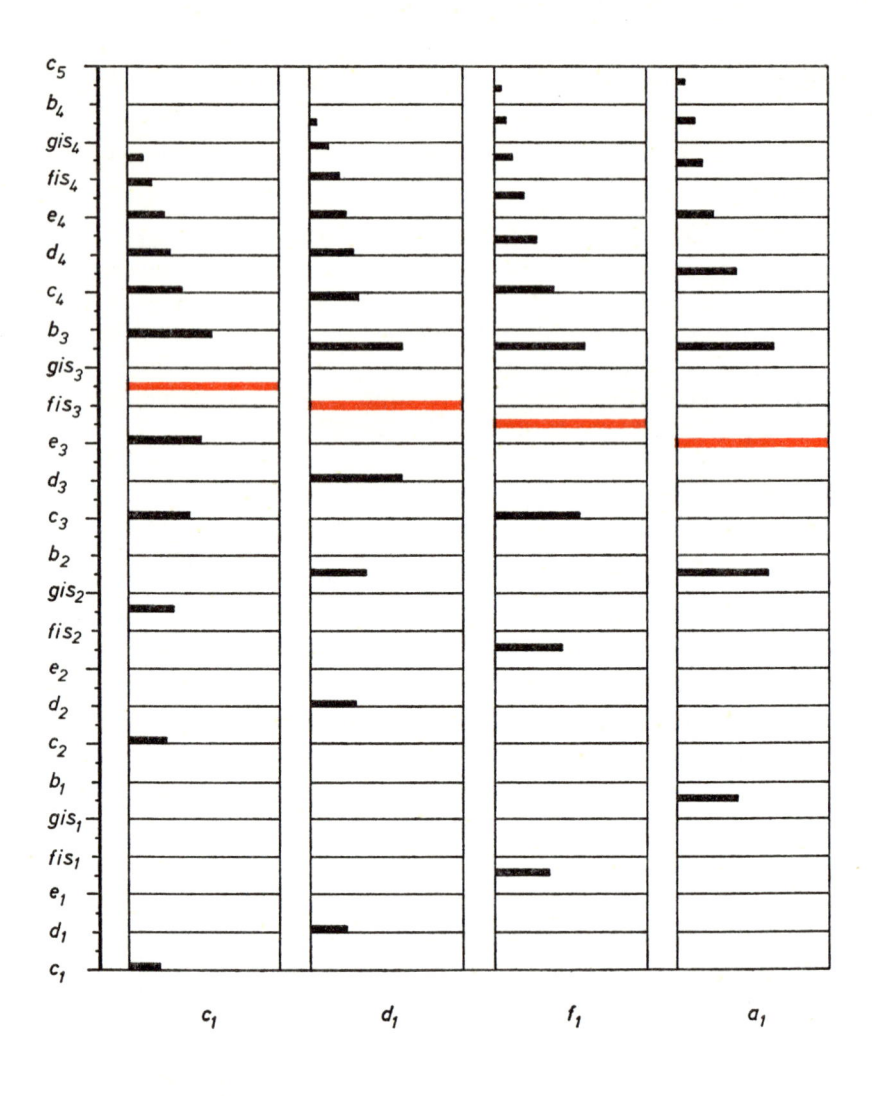

Tabelle 7. Partialtonspektren von gleichstarken Klängen eines nur eine Formantstrecke aufweisenden Musikinstrumentes.

Aus den Tabellen ist ferner ersichtlich, daß in den p-Klängen (Tabelle 8) das Maximum auf einem in den unteren Teil der Formantstrecke fallenden oder der unteren Streckengrenze nahekommenden Partialton liegt, und daß in forte-Klängen (Tabelle 9) die Formantstrecke stets das Maximum einschließt und sich dieses dann im oberen Teil der Formantstrecke befindet. Nur für forte-Klänge mit Grundtönen hart unterhalb des dynamischen Zentrums, also für Klänge auf f_2 oder fis_2, verlagert sich das Maximum auf den Grundton, liegt dann also im unteren Teil der Formantstrecke.

Als die für die **Klangfarbe der Flöte** entscheidende Tonstrecke erwies sich auf Grund der Resonanz- und Interferenzversuche sowie der Auswertung der oszillografischen Klangbilder etwa die **Formantstrecke e_2 bis c_3 mit dem dynamischen Zentrum um g_2 bis gis_2.**

Da demnach feststeht, daß die untersuchten instrumentalen Klangfarben an absolute Höhe gebundene Stärkemaxima, sogenannte feste Formanten, aufweisen, taucht die Frage auf, in welchen Grenzen die HELMHOLTZsche Relativtheorie Gültigkeit haben könnte.
Kann überhaupt (ganz abgesehen von einem festen Intensitätsverhältnis zwischen mehreren Partialtönen) das Maximum immer auf einem Partialton von bestimmter Ordnungszahl bleiben, wenn die Klanghöhe sich stark verändert, d. h. wenn der Grundton ein größeres Intervall durchläuft, und wie groß ist dieses Intervall?
Die erste Frage muß mit der Einschränkung „unter günstigsten Umständen" (auf die unten noch näher eingegangen wird) mit ja, die Frage nach der Größe des Intervalls für die oktavierenden und quintierenden Instrumente verschieden beantwortet werden.

Die „günstigsten Umstände" betreffen:
　　Veränderung der Stärke der Tongebung,
　　geeignete Mensurierung (bei Blasinstrumenten)[1],
　　das Abstandsverhältnis zwischen den gewähltenn Grundtönen und dem dynamischen Zentrum der Formantstrecke.

Dies soll zunächst für oktavierende Instrumente erläutert werden:
Da das an eine absolute Höhenlage gebundene Maximum bei stei-

---

[1] Bei Saiteninstrumenten die Dicke und Steifigkeit der Saiten.

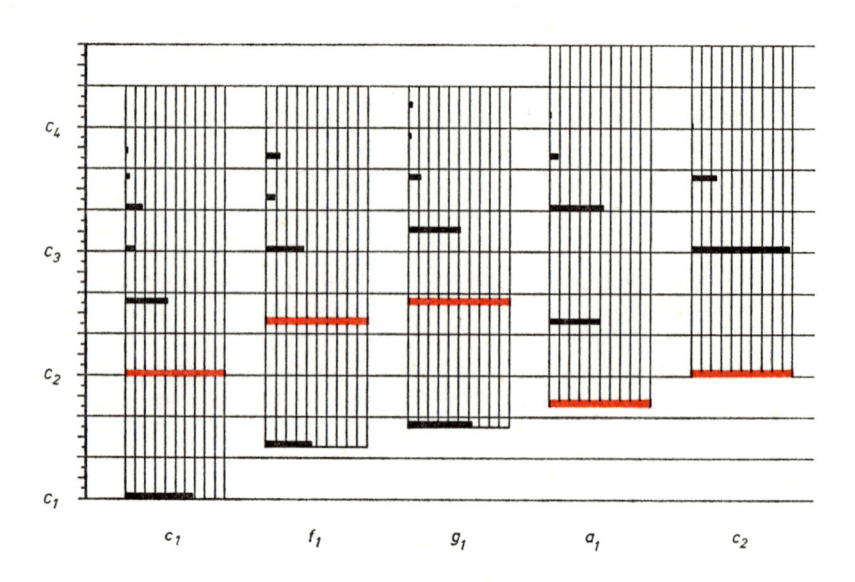

Tabelle 8. Ergebnisse der Fourieranalysen von p-Klängen der Flöte.

Grundton	Grundton-frequenz	Frequenz des stärksten Partialtons
c_1	261	522
f_1	348	696
g_1	391,5	783
a_1	435	435
c_2	522	522

gendem Grundton um so schneller auf einen benachbarten Partialton übergeht, je kleiner die Abstände zwischen den Partialtönen sind, d. h. je weiter nach unten der Grundton von der Formantstrecke entfernt ist, wäre für das lange Erhalten des Maximums auf einem Partialton von bestimmter Ordnungszahl die günstigste Bedingung die, daß stets der 1. Oberton der stärkste sein soll.

Für diesen Fall liegt dann der Grundton des tiefsten diese Bedingung erfüllenden Klanges höchstens nur eine Duodezime tiefer als das dynamische Zentrum der Formantstrecke. Wenn z. B. das Zen-

$d_2 \qquad f_2 \qquad g_2 \qquad a_2 \qquad c_3$

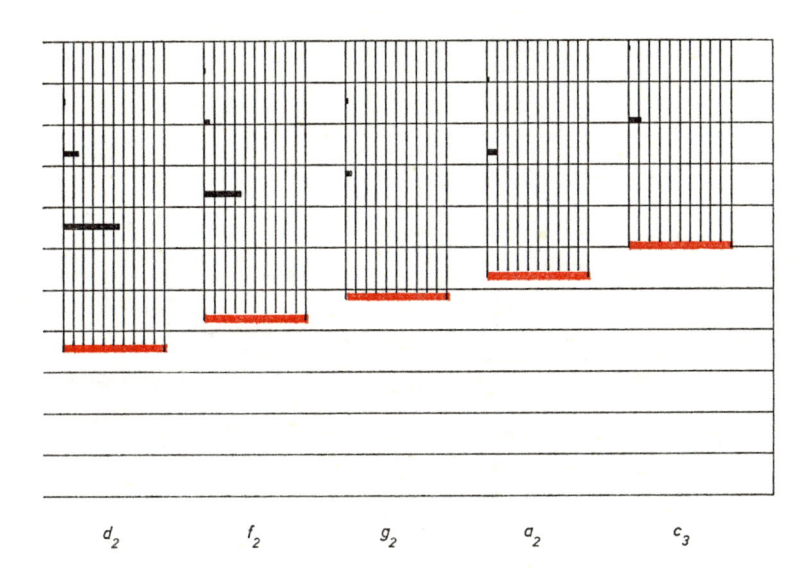

Fortsetzung Tabelle 8.

Grundton	Grundton-frequenz	Frequenz des stärksten Partialtons
d_2	587,25	587,25
f_2	696	696
g_2	783	783
a_2	870	870
c_3	1044	1044

trum bei g_2 angenommen wird, *kann* bei leiser Tongebung das absolute Maximum für einen c_1-Klang auf den 2. Partialton fallen (obgleich es schon beim mf auf dem 3. liegen wird). Mit steigendem Grundton werden dann aber auch die mf-Klänge die Oktave als stärksten Bestandteil liefern, denn diese fällt ja jetzt in die charakteristische Region, die Formantstrecke. Nähert sich der Grundton dem Zentrum der Formantstrecke, so wird sich die Oktave als Maximum nur noch bei starken Klängen (f bis ff) halten können. Übersteigt der Grundton das dynamische Zentrum der charakteristischen Region,

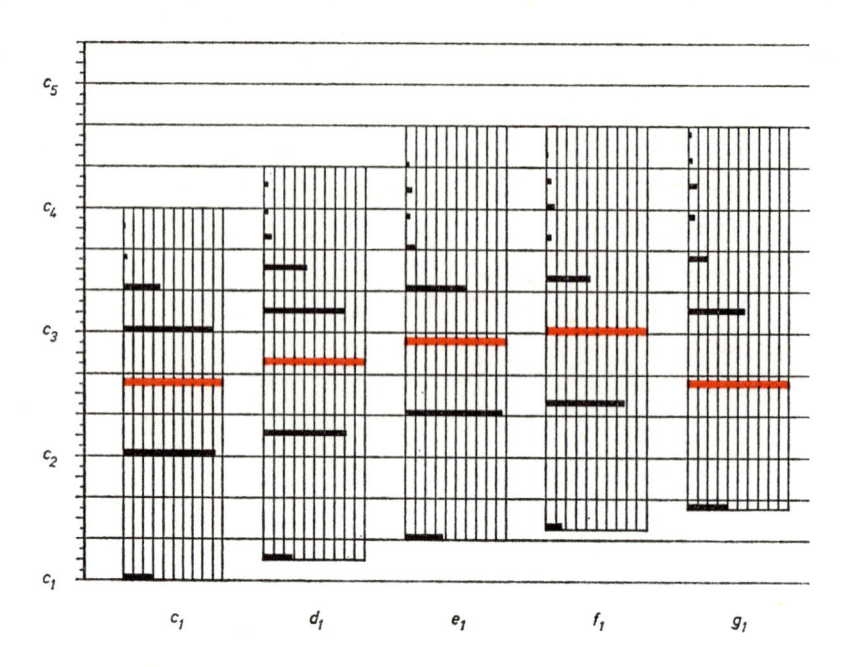

Tabelle 9. Ergebnisse der Fourieranalysen von forte-Klängen der Flöte.

Grundton	Grundton-frequenz	Frequenz des stärksten Partialtons
c_1	261	783
d_1	293,63	880,89
e_1	326,25	978,75
f_1	348	1044
g_1	391,5	783

so gelingt ein Halten des Maximums auf dem 2. Partialton nur bei enger Mensur des Blasinstrumentes und auch dann meist nur bei stärkstem Anblasen. (Für mittelstarke und in der Regel auch für forte-Klänge dagegen wird der Grundton schon stärkster Klangbestandteil, wenn er die Formantstrecke noch nicht ganz erreicht hat.)
Unter Berücksichtigung dieser Umstände ist es möglich, z. B. den Flötenklang auf den Grundtönen c_1–c_3 immer so zu bringen, daß der 1. Oberton der stärkste ist: Die unteren Töne bis zum g_1 müssen p, die mittleren bis etwa zum es_2 dagegen mf bis forte, und die

a_1 c_2 d_2 f_2 g_2 c_3

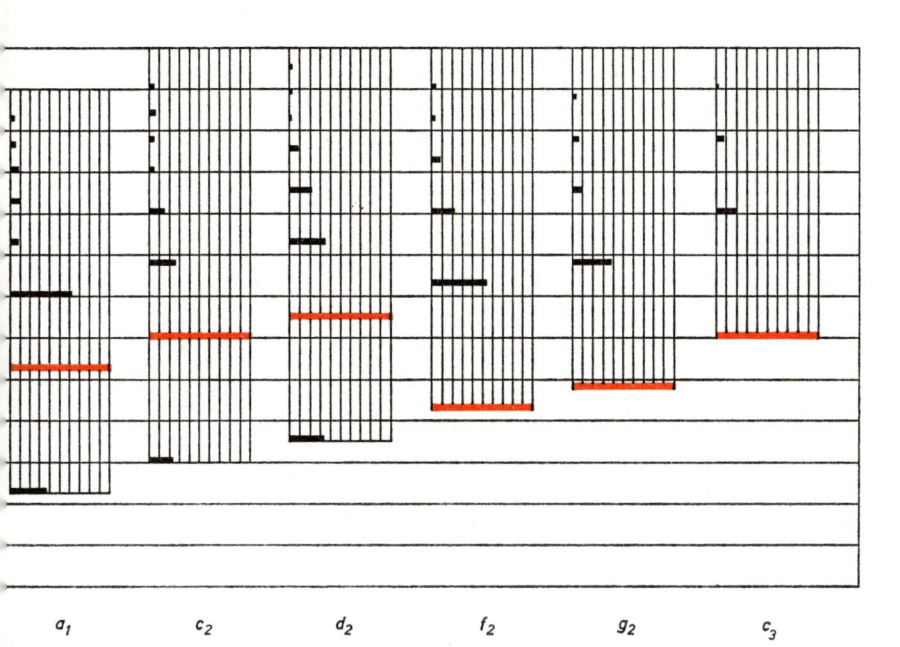

Fortsetzung Tabelle 9.

Grundton	Grundton-frequenz	Frequenz des stärksten Partialtons
a_1	435	870
c_2	522	1044
d_2	587,25	1174,50
f_2	696	696
g_2	783	783
c_3	1044	1044

darüber liegenden mindestens ff geblasen werden (etwa oberhalb c_3 läßt sich das Maximum vom Grundton dann nicht mehr verdrängen).

Höchstens innerhalb einer Doppeloktave gilt also annähernd die Relativtheorie bei oktavierenden Instrumenten. Aber die Einschränkungen in Hinsicht der niedrigen Ordnungszahl des stärksten Partialtones, der Intensität und der Mensur machen – so paradox es klingen mag – *diese* Relativtheorie zur Stütze der Absoluttheorie.

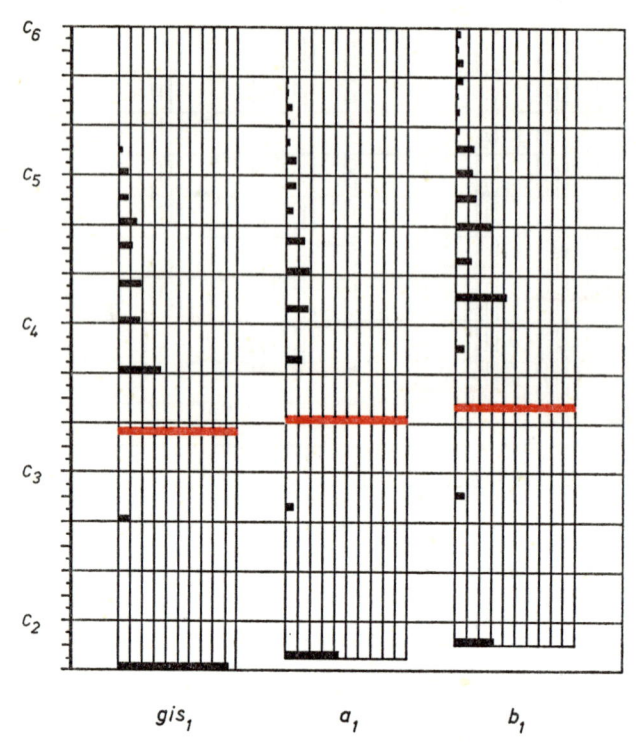

Tabelle 10. Ergebnisse der Fourieranalysen von Klarinettenklängen mit eng beieinanderliegenden Grundtönen.

Um den HELMHOLTZschen Irrtum klar in Erscheinung treten zu lassen, kommt es darauf an, Klänge zu wählen, deren Grundtöne größere Abstände zueinander aufweisen. Bei eng zusammenliegenden Grundtönen, wie in dem Beispiel der drei ff-Klarinettenklänge auf gis_1, a_1 und b_1, Tabelle 10, könnte man versucht sein, HELMHOLTZ recht zu geben.

Das Herabrücken des Maximums auf Klangkomponenten niederer Ordnungszahlen bei steigenden Grundtönen ist auch aus den Ta-

bellen 11 und 12[1] (Forte-Klänge der Oboe) sowie aus Tabelle 13 (p-Klänge der Oboe) Seiten 42 bis 47 abzulesen.
Die Tabellen 8 bis 13 bestätigen die im Formantstreckengesetz Absatz 2 (Seite 30) angeführten Gesetzmäßigkeiten hinsichtlich der Verlagerung des Maximums auf Klangkomponenten niederer Ordnungszahlen bei steigendem Gundton gleich starker Klänge.
Als die die **Klangfarbe der Oboe** bestimmenden Formantstrecken sind erkennbar:

cis_3 bis as_3 (Formantstrecke I) mit Zentrum f_3,
d_4 bis b_4 (Formantstrecke II) mit Zentrum fis_4,
ferner eine schwache Formantstrecke III im unteren Teil der fünfgestrichenen Oktave.

Besonders gut treten die Formantstrecken in den Analysen der forte-Klänge auf d_1, e_1, fis_1, g_1, a_1 (Tabelle 11) und h_1 (Tabelle 12) hervor und auch in den folgenden Analysen des scharfen ff-Klanges auf g_1 und des ff-Klanges auf c_2 Tabelle 14 Seite 48.

---

[1] Zum forte-c_2-Klang, dessen Maximum nicht, wie zu erwarten, auf g_3 liegt, bemerkt SCHUMANN a. a. O. 1929 S. 69 folgendes: „c_2, ein typischer, heller, kurzer Klappenton, nimmt in akustischer Beziehung gegenüber den Nachbartönen eine Sonderstellung ein. Das Maximum liegt hier auch für p-Klänge nicht im unteren Formantgebiet (um e_3), sondern stets im Zentrum der Formantzone der viergestrichenen Oktave. Daraus erklärt sich das im Forte Schneidende, im p und mf Helle und Dünne dieses Klanges."

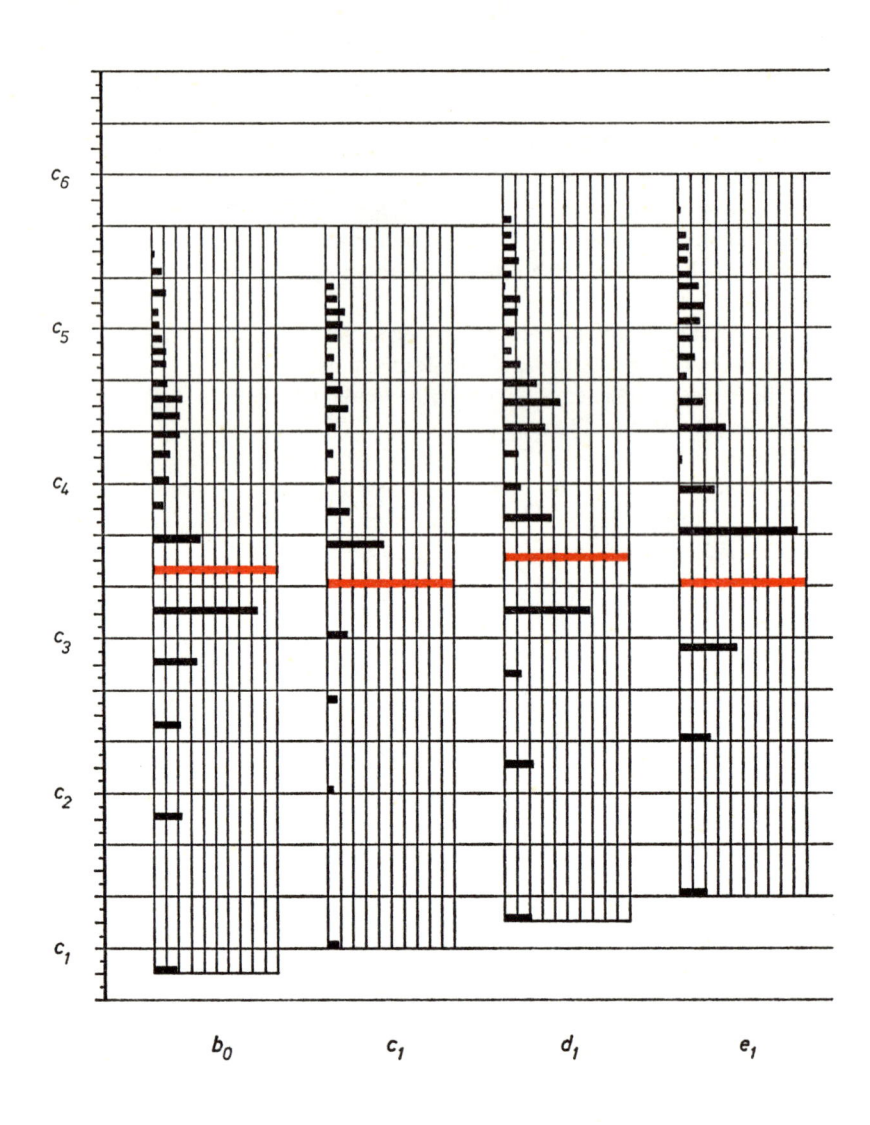

Tabelle 11. Ergebnisse der Fourieranalysen von forte-Klängen der Oboe.

Grundton	Grundton-frequenz	Frequenz des stärksten Partialtons
b_0	234,9	1409,4
c_1	261	1305
d_1	293,63	1468,15
e_1	326,25	1305

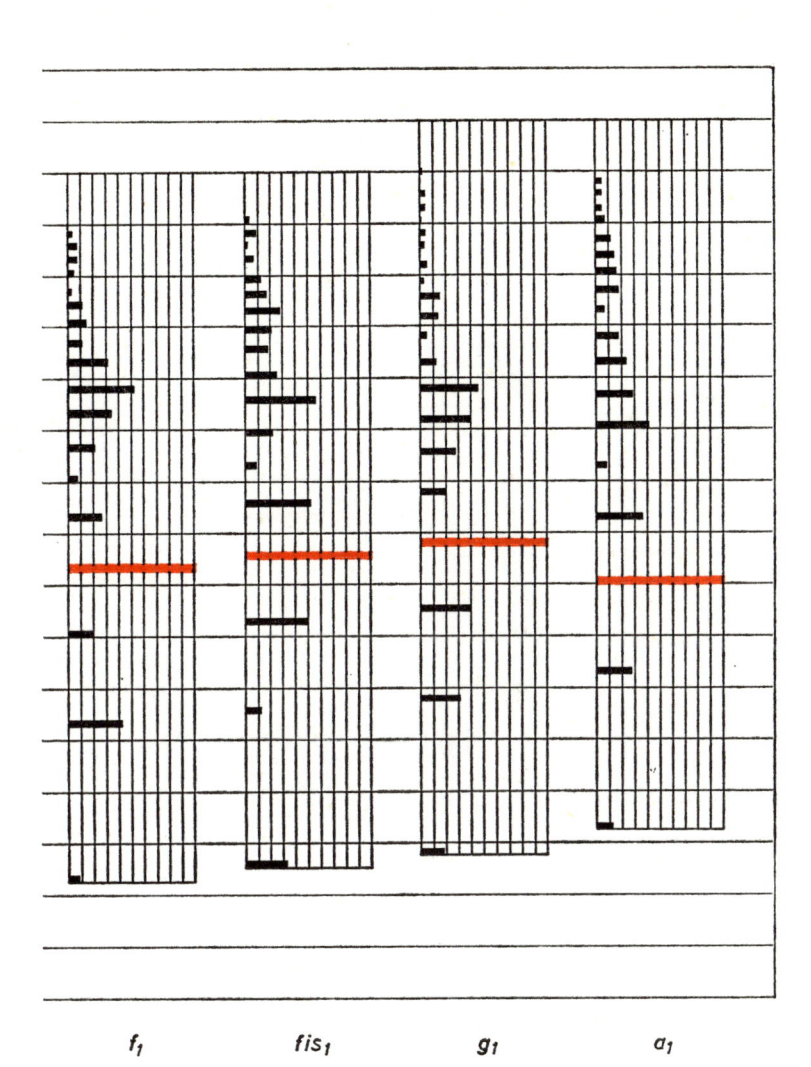

f_1 fis_1 g_1 a_1

Fortsetzung Tabelle 11.

Grundton	Grundton-frequenz	Frequenz des stärksten Partialtons
f_1	348	1392
fis_1	362,5	1450
g_1	391,5	1566
a_1	435	1305

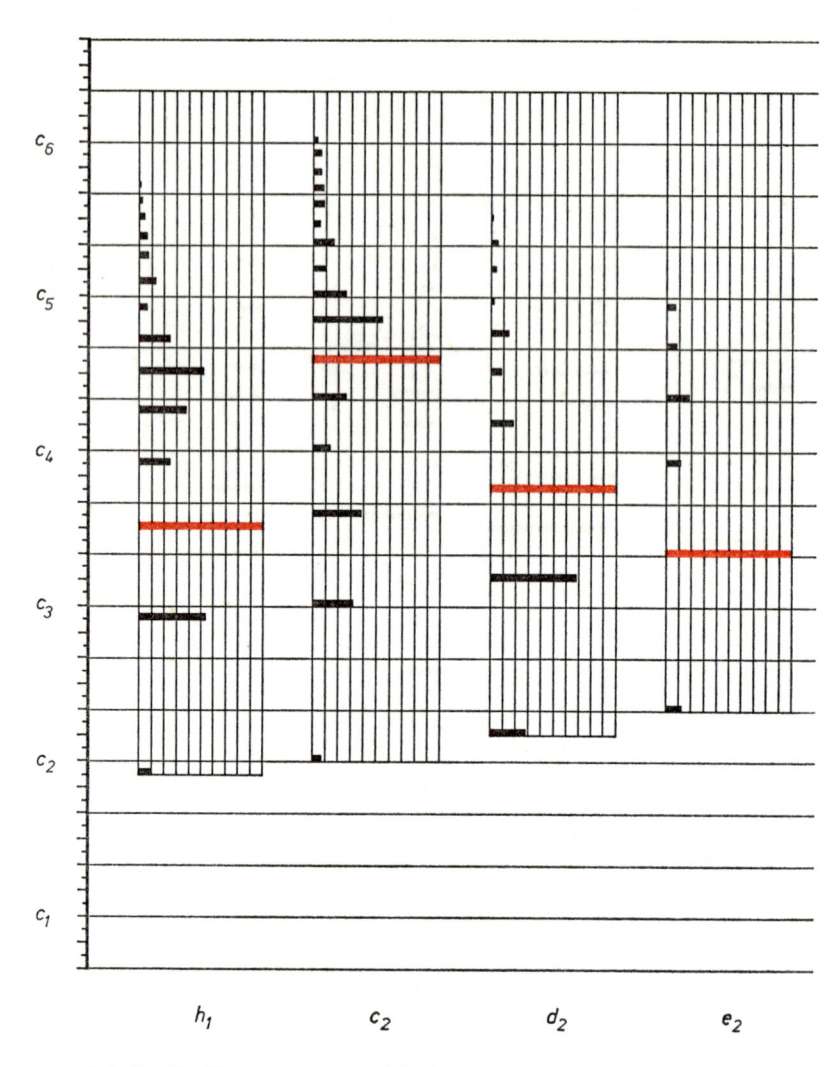

Tabelle 12. (Fortsetzung von Tabelle 11.) Ergebnisse der Fourieranalysen von forte-Klängen der Oboe.

Grundton	Grundton-frequenz	Frequenz des stärksten Partialtons
h_1	489,38	1468,14
c_2	522	3132
d_2	587,25	1761,75
e_2	652,5	1305

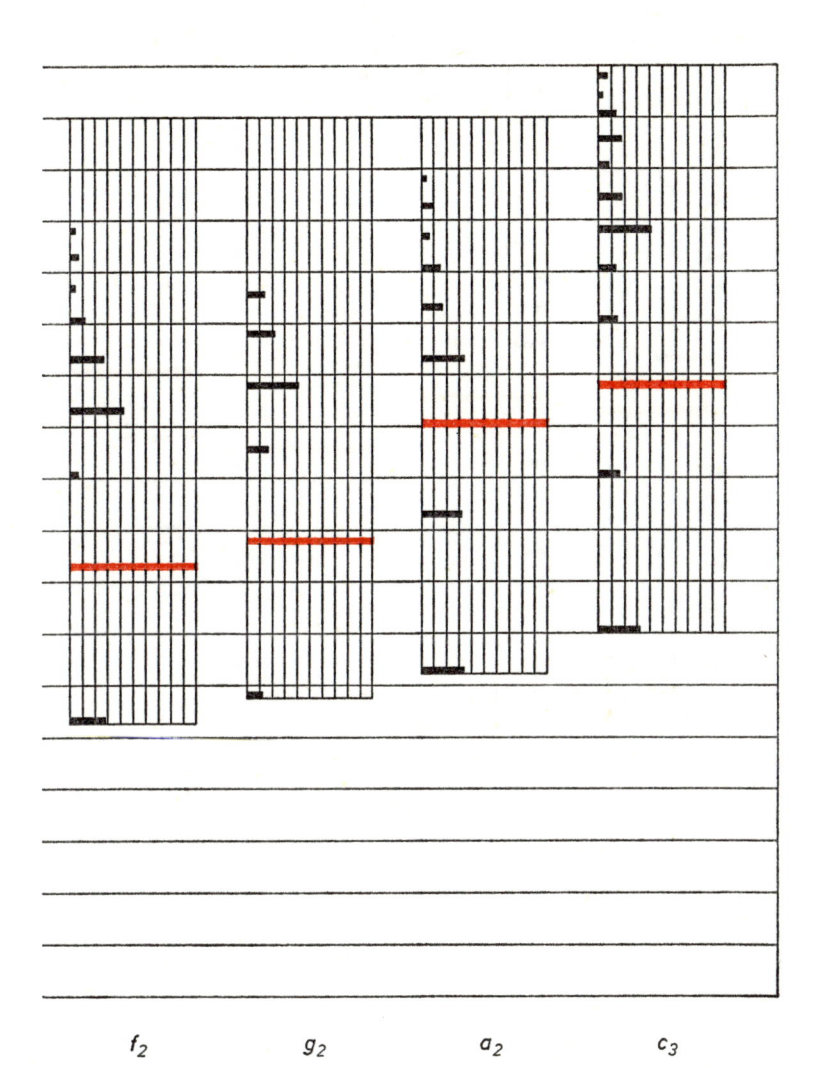

f_2 g_2 a_2 c_3

Fortsetzung Tabelle 12.

Grundton	Grundton-frequenz	Frequenz des stärksten Partialtons
f_2	696	1392
g_2	783	1566
a_2	870	2610
c_3	1044	3132

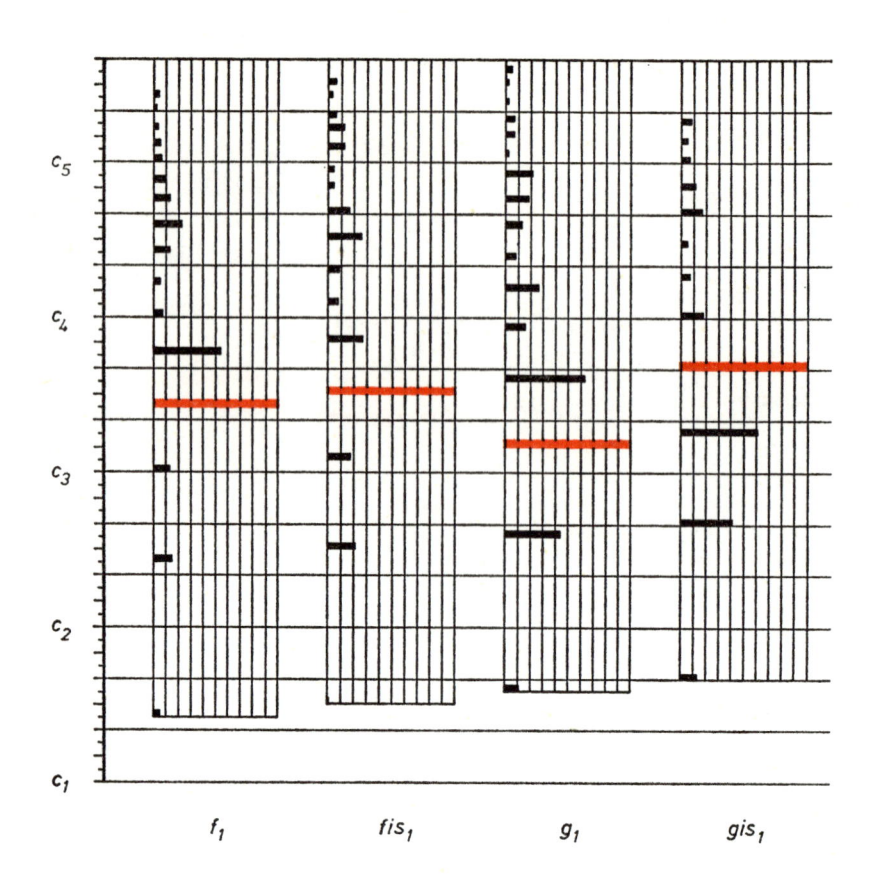

Tabelle 13. Ergebnisse der Fourieranalysen von p-Klängen der Oboe.

Grundton	Grundton-frequenz	Frequenz des stärksten Partialtons
f_1	348	1392
fis_1	362,5	1450
g_1	391,5	1174,5
gis_1	407,81	1631,24

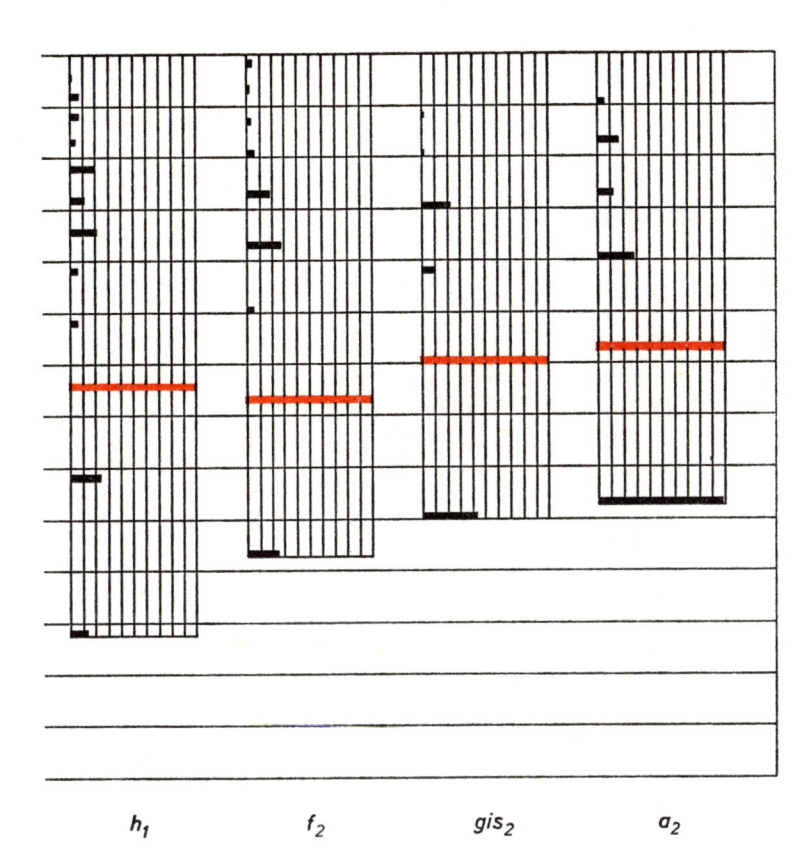

h_1 f_2 gis_2 a_2

Fortsetzung Tabelle 13.

Grundton	Grundton-frequenz	Frequenz des stärksten Partialtons
h_1	489,38	1468,14
f_2	696	1392
gis_2	815,63	1631,26
a_2	870	1740

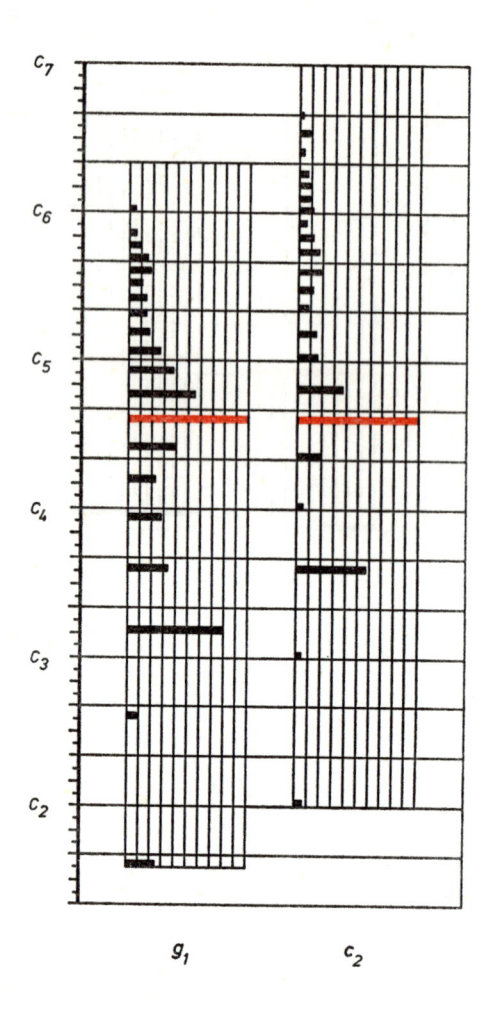

Tabelle 14. Ergebnisse der Fourieranalysen von ff-Klängen der Oboe.

Beim **Klang des Englischhorn** dominieren auf Grund der Resonanz- und Interferenzversuche und der Ergebnisse der Analysen von oszillografisch aufgenommenen Klangbildern die Tonregionen
  g_2 bis e_3 (Formantstrecke I) mit Zentrum b_2 und
  b_3 bis g_4 (Formantstrecke II) mit Zentrum d_4.
Vergleiche dazu die folgenden Tabellen 15 und 16 (forte-Klänge) auf Seiten 50 bis 52.
Wie bei den Oboe-Klängen treten die zwischen den Formantstrecken gelegenen Partialtöne in ihrer Intensität zurück.
Auch das Rücken des Maximums auf Partialtöne niederer Ordnungszahlen bei steigendem Grundton ist aus den Tabellen 15 und 16 ersichtlich. Eine Ausnahme bildet der c_1-Klang. In ihm ist nicht wie zu erwarten der 4., sondern der 5. stärkster Partialton[1].

Für den **Klang der Klarinette** gilt, daß 3 Register unterschieden werden müssen: das tiefe Schalmeiregister, das schwache Mittelregister und das darüber liegende Klarin-Register.
Trotzdem schälen sich 2 Formantstrecken heraus:
  h_2–g_3 (Formantstecke I) mit Zentrum dis_3 und
  d_4–b_4 (Formantstrecke II) mit Zentrum f_4.
Siehe die in den Tabellen 17, 18 und 19 auf Seiten 53 bis 56 gegenübergestellten Fourieranalysen von Klarinetten-forte-Klängen zugehörigen Oszillogrammen.
Weitere Merkmale: Schwache oder ausfallende gradzahlige Partialtöne, unterhalb dis_3 starke ungradzahlige Klangkomponenten.
Das Mittelregister klingt matt, weil die Partialtöne in der Formantstrecke II nur schwach vertreten sind, und das Maximum jedes Mittelregisterklanges im pp bis zum Forte immer auf dem Grundton liegt.
Für Klänge ab f_2 aufwärts gehen die Formantstrecken I und II ineinander über.

---

[1] E. SCHUMANN, a.a.O. 1929 S.115, weist auf die „Oboefärbung" dieses Englischhorn-Klanges hin, „denn die absoluten Höhen und das Schwingungszahlenverhältnis der Maxima" (10. Partialton in Formantstrecke II) „entsprechen den dort mitgeteilten Bedingungen". Vgl. Tabelle 30 S. 69 und Tabelle 28 S. 67.

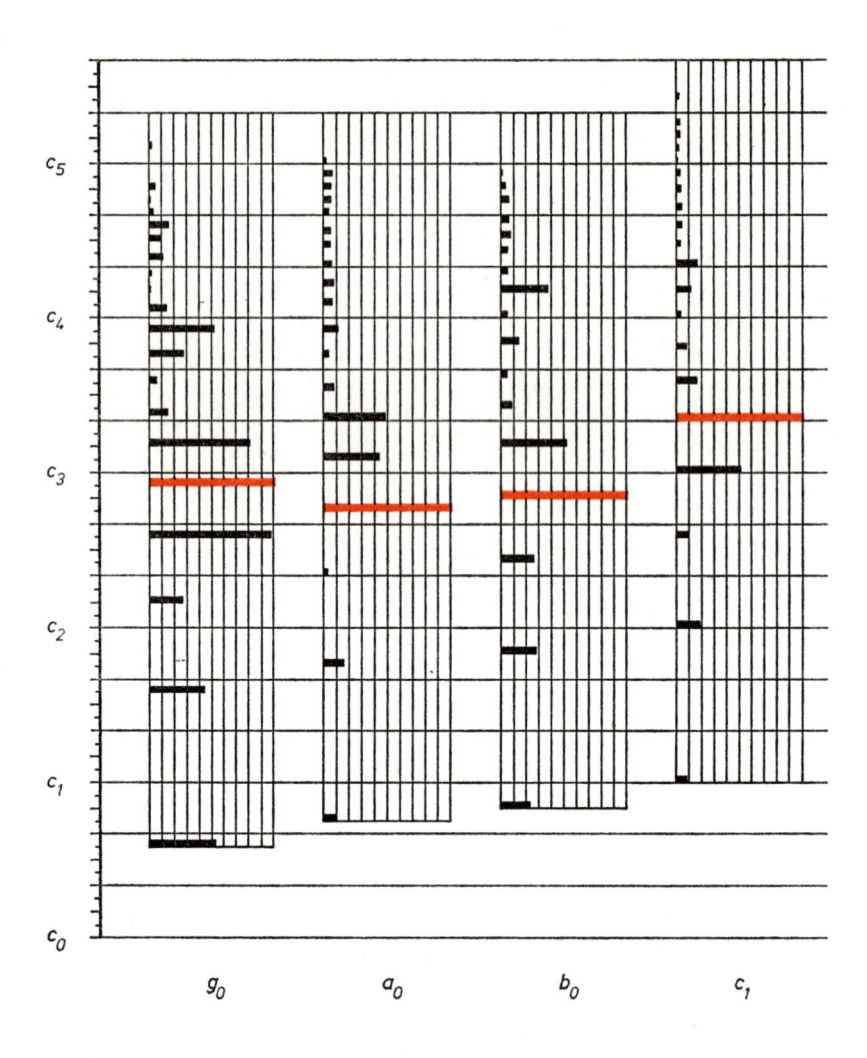

Tabelle 15. Ergebnisse der Fourieranalysen von forte-Klängen des Englischhorn.

Grundton	Grundton-frequenz	Frequenz des stärksten Partialtons
g_0	195,75	978,75
a_0	217,5	870
b_0	234,9	939,6
c_1	261	1305

| | es_1 | f_1 | g_1 | c_2 |

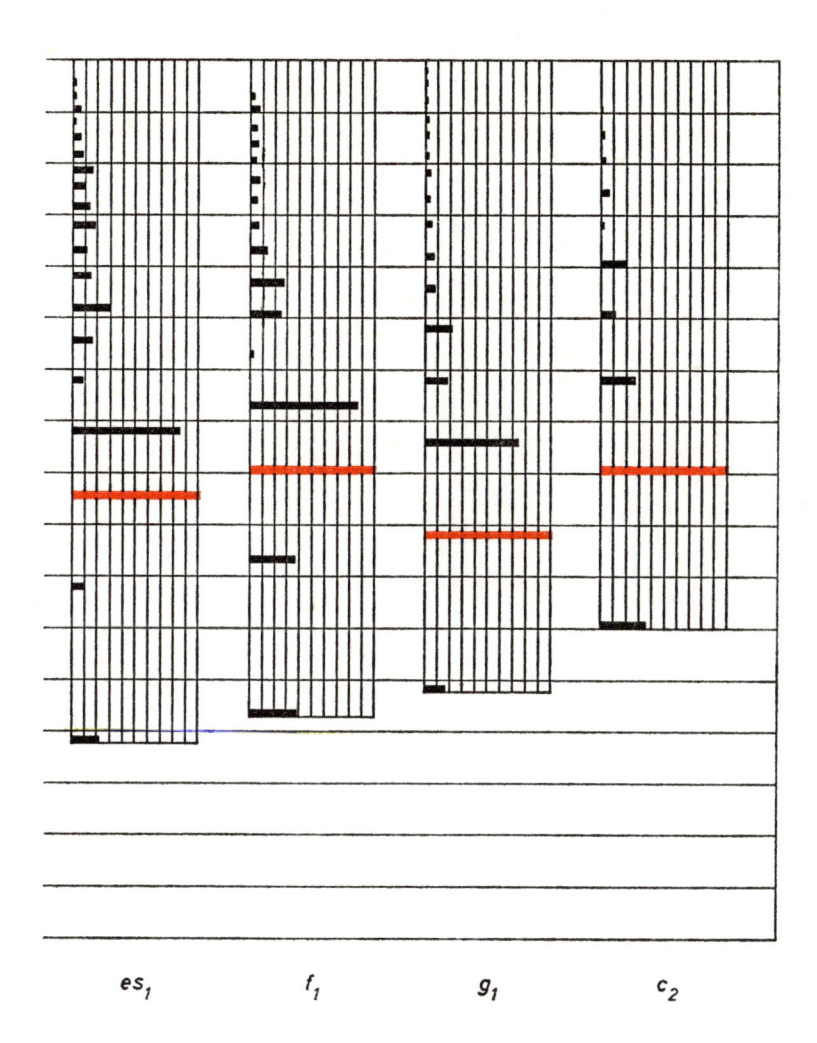

Fortsetzung Tabelle 15.

Grundton	Grundton-frequenz	Frequenz des stärksten Partialtons
es_1	313,2	939,6
f_1	348	1044
g_1	391,5	783
c_2	522	1044

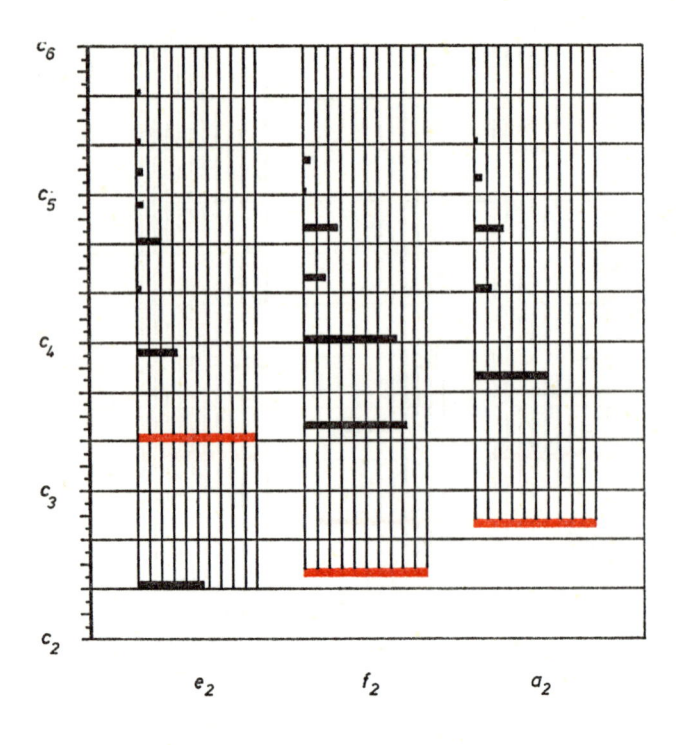

Tabelle 16. Ergebnisse der Fourieranalysen von forte-Klängen des Englischhorn.

Grundton	Grundton-frequenz	Frequenz des stärksten Partialtons
e_2	652,5	1305
f_2	696	696
a_2	783	783

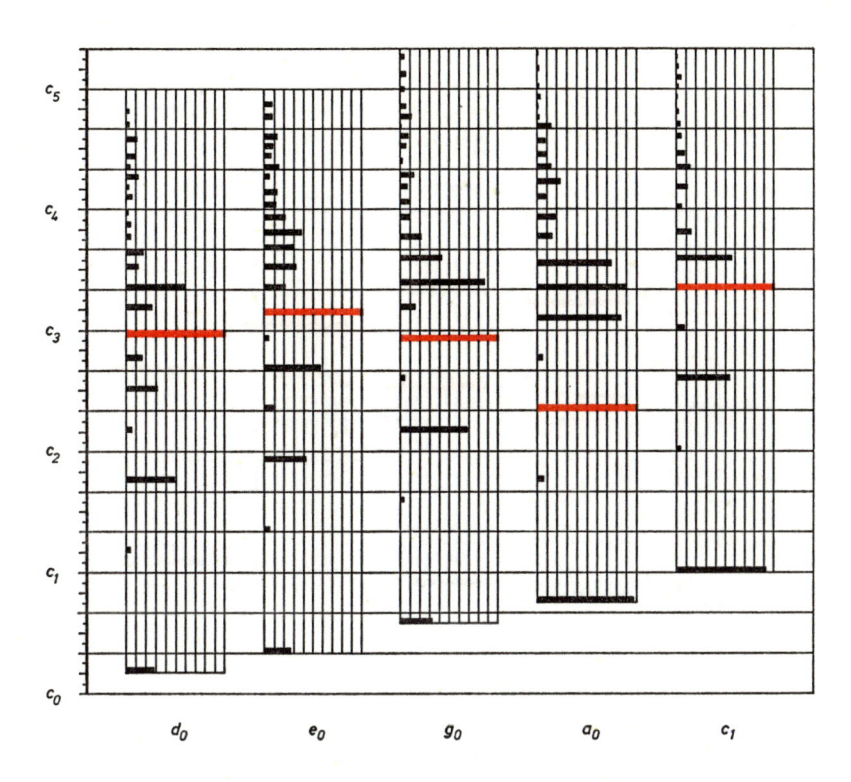

Tabelle 17. Ergebnisse der Fourieranalysen von forte-Klängen der Klarinette.

Grundton	Grundton-frequenz	Frequenz des stärksten Partialtons
d_0	146,81	1022,67
e_0	163,13	1141,91
g_0	195,75	978,75
a_0	217,5	652,5
c_1	261	1305

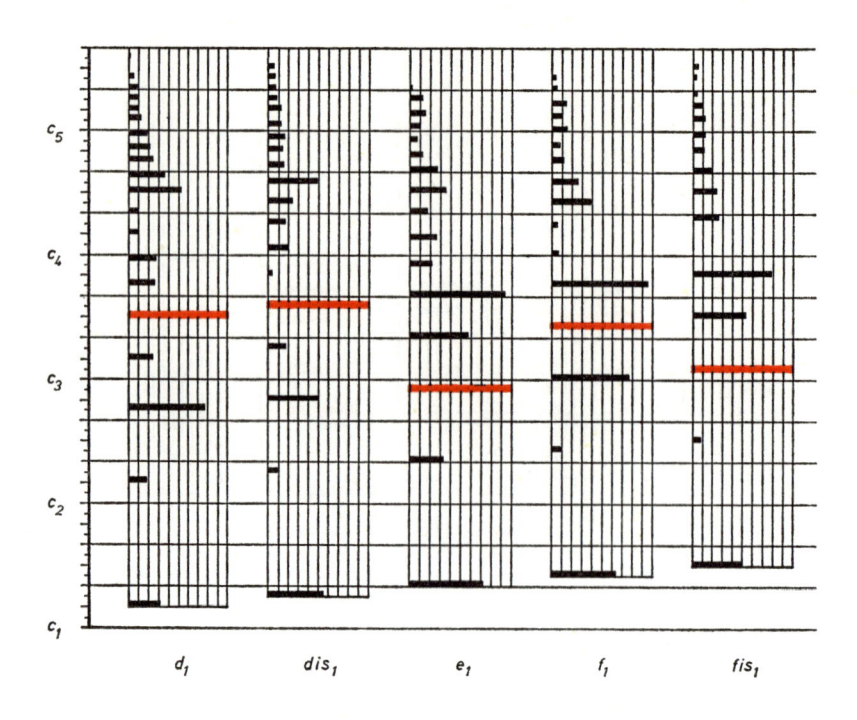

Tabelle 18. Ergebnisse der Fourieranalysen von forte-Klängen der Klarinette.

Grundton	Grundton-frequenz	Frequenz des stärksten Partialtons
d_1	293,63	1468,15
dis_1	313,2	1566
e_1	326,25	978,75
f_1	348	1392
fis_1	362,5	1087,5

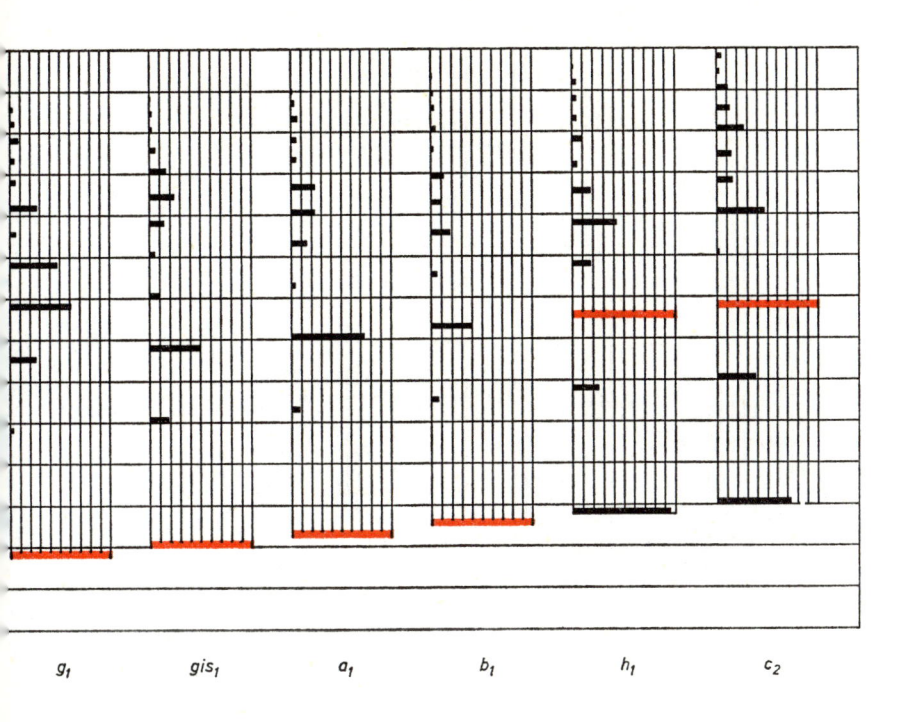

g₁ gis₁ a₁ b₁ h₁ c₂

Fortsetzung Tabelle 18.

Grundton	Grundton-frequenz	Frequenz des stärksten Partialtons
g_1	391,5	391,5
gis_1	407,81	407,81
a_1	435	435
b_1	469,8	469,8
h_1	489,38	1468,14
c_2	522	1566

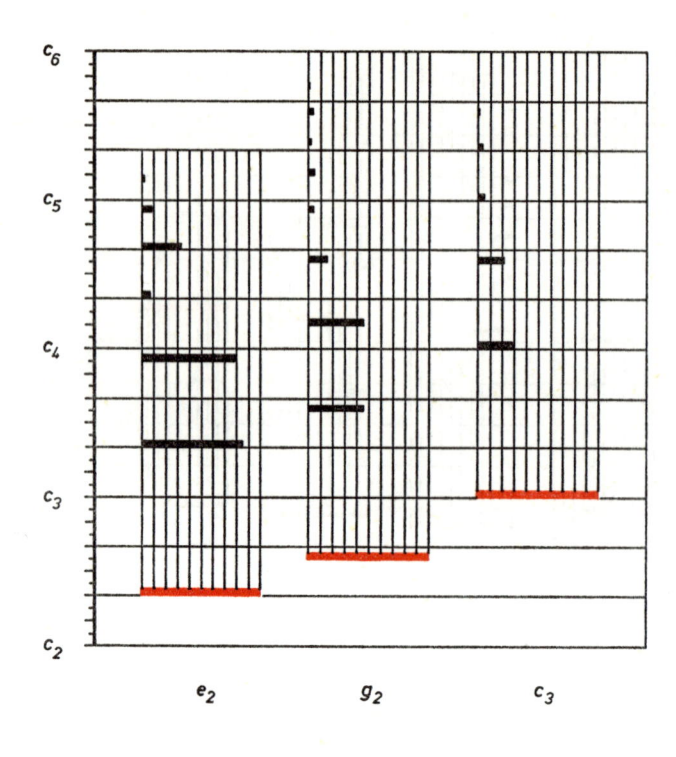

Tabelle 19. Ergebnisse der Fourieranalysen von forte-Klängen der Klarinette.

Grundton	Grundton-frequenz	Frequenz des stärksten Partialtons
e_2	652,5	652,5
g_2	783	783
c_3	1044	1044

Die Tabellen 17[1], 18 und 19 lassen auch für die Klarinettenklänge das Rücken des Maximums auf Partialtöne niederer Ordnungszahlen bei steigendem Grundton erkennen.

Für **Fagottklänge** konnten die folgenden Tonstrecken als entscheidend ermittelt werden:
   g_1 bis e_2 **(Formantstrecke I) mit Zentrum a_1** und
   b_2 bis fis_3 **(Formantstrecke II) mit Zentrum d_3**.
Vergleiche dazu die Tabellen 20[2] und 21 auf den folgenden Seiten. Zu erkennen: Schwache bzw. weniger kräftig ausgebildete Partialtöne zwischen den Formantstrecken. Sind diese Zwischenzonen mit stärkeren Partialtönen besetzt, wie dies für Klänge des höchsten Registers zutrifft, so sind Erkennungsschwierigkeiten vorhanden. Wie bei Klängen der Flöte, der Oboe, des Englischhorn und der Klarinette rückt auch in Fagott-Klängen das Maximum innerhalb der Formantstrecke auf Partialtöne niederer Ordnungszahlen bei steigendem Grundton.

---

[1] Der a_0-Klang in Tabelle 17 (forte-Klänge), dessen Maximum auf dem 3. Teilton liegt, ist ein mf-Klang. Vgl. E. SCHUMANN, a. a. O. 1929 S. 144 bis 145. „Bei etwas stärkerem Anblasen springt jedoch das Maximum in die schon äußerst starke Gruppe cis_3, e_3, g_3, d. h. in die Gegend, die bei tiefen forte-Klängen den stärksten Oberton enthält."

[2] Der e_0-Klang in Tabelle 20 wird von E. SCHUMANN, a. a. O. 1929 S. 197, in der Diskussion der Einzelklänge als mf-Klang angegeben. So erklärt es sich, daß die Maxima der Partialtöne nicht wie zu erwarten auf dem 3. und 8., sondern auf dem 2. und 7. Teilton liegen.

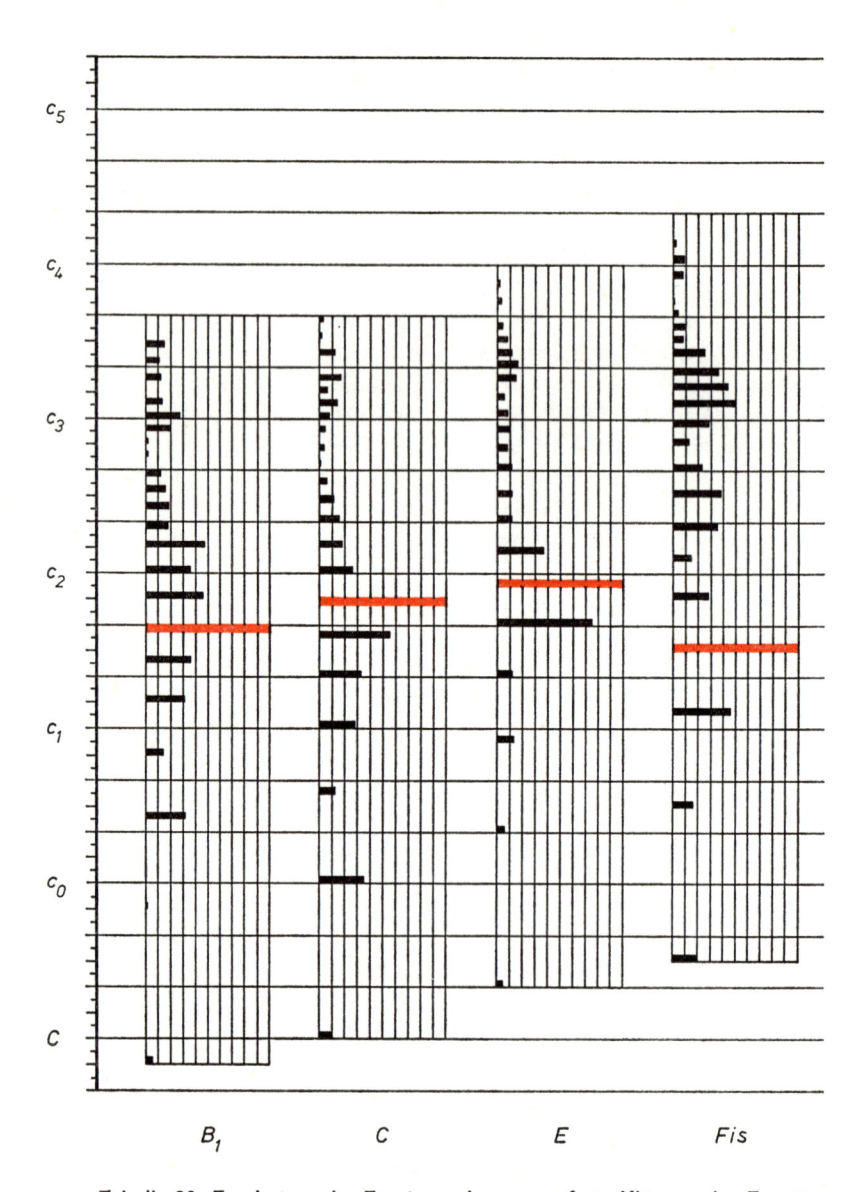

Tabelle 20. Ergebnisse der Fourieranalysen von forte-Klängen des Fagott.

Grundton	Grundton-frequenz	Frequenz des stärksten Partialtons
B_1	58,73	411,11
C^1	65,25	456,75
E	81,56	489,36
Fis	90,63	362,52

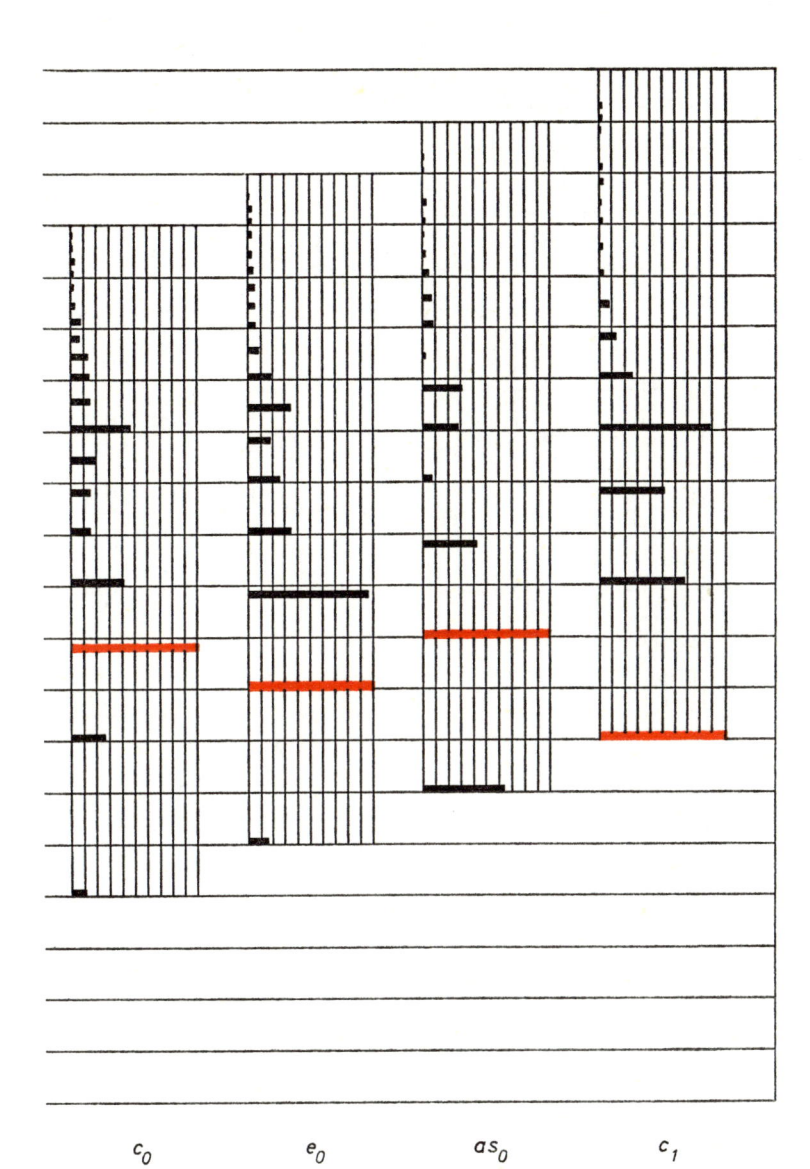

c_0 e_0 as_0 c_1

Fortsetzung Tabelle 20.

Grundton	Grundton-frequenz	Frequenz des stärksten Partialtons
c_0	130,5	391,5
e_0	163,13	326,26
as_0	208,8	417,6
c_1	261	261

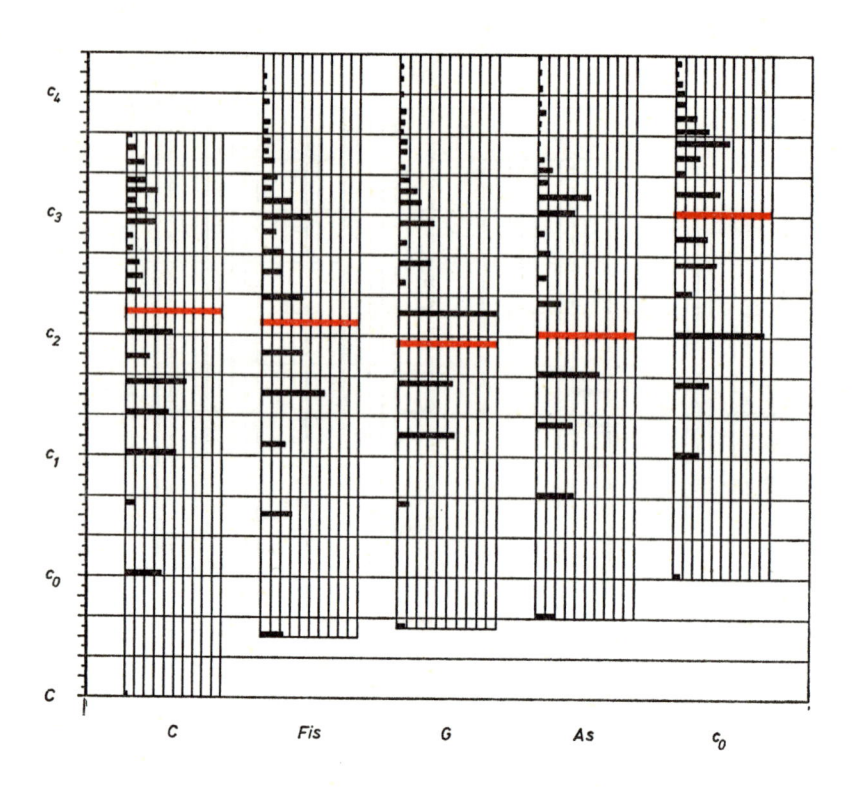

Tabelle 21. Ergebnisse der Fourieranalysen von ff$^+$-Klängen des Fagott.

Grundton	Grundton-frequenz	Frequenz des stärksten Partialtons
C	65,25	587,25
Fis	90,63	543,78
G	97,88	489,40
As	104,4	522
c_o	130,5	1044

Zum akustischen Verschiebungsgesetz

Wie die Zusammenstellung der Partialtongerüste der pp- bis ff^+-Flötenklänge auf c^1 in Tabelle 6 (Seite 32) zeigt, verlegt sich die Schwingungsenergie mit zunehmender Intensität des Klanges auf höher gelegene Klangkomponenten.

Auch in den zum Formantstreckengesetz mitgeteilten Tabellen ergibt der Vergleich der den p-Klängen eines bestimmten Instrumententyps entsprechenden Skalen mit den den forte-Klängen desselben Instruments zugehörigen Skalen die Verlagerung der Energie auf höhere Partialtöne (z. B. Tabelle 8 Seiten 36 / 37 mit Tabelle 9 Seiten 38 / 39, Tabellen 11 und 12 Seiten 42 bis 45 mit Tabelle 13 Seiten 46 / 47).

Die folgenden, den f- und ff-Englischhorn-Klängen auf g_1 entsprechenden Skalen weisen die Verschiebung des Maximums vom 2. auf den 3. Partialton auf.

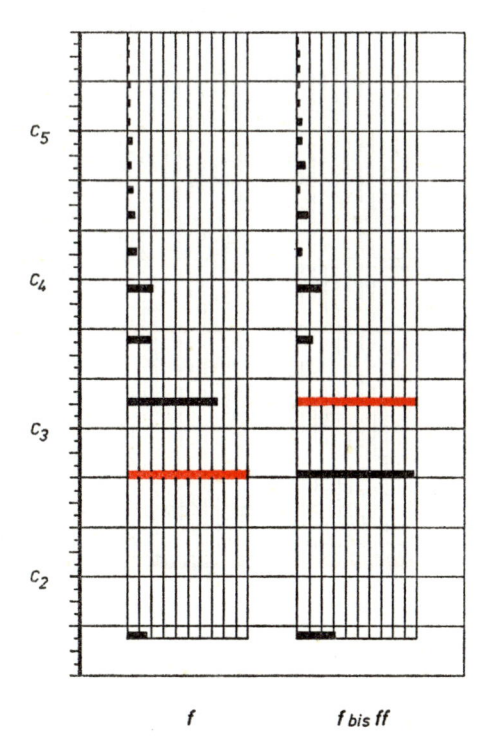

Tabelle 22. Englischhorn-Klänge auf g_1.

Die Verschiebung des Maximums in Klarinetten-Klängen erfolgt bei Stärkeänderungen unter Auslassung der gradzahligen Partialtöne, wie folgendes Beispiel Tabelle 23 deutlich macht.

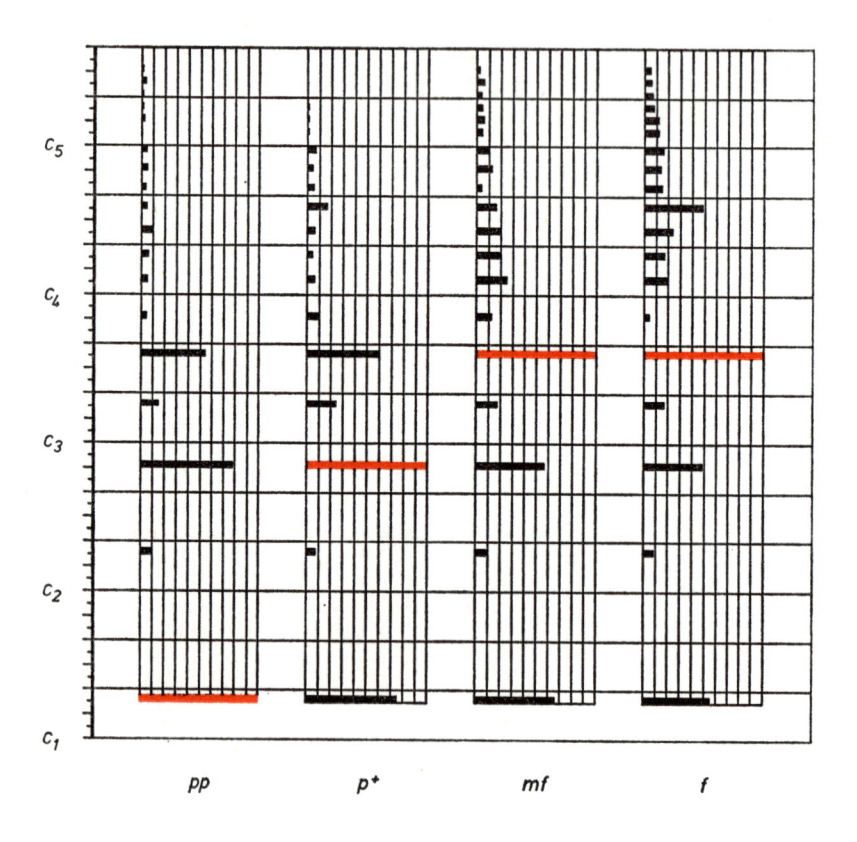

Tabelle 23. Klarinetten-Klänge auf es_1.

Die folgenden Skalen von zwei Fagott-Klängen (mf^+ und ff^+) auf C in Tabelle 24 zeigen nicht nur die Verschiebung des Maximums im Bereich der Formantstrecke I nach oben (vom 7. auf den 9. Partialton), sondern lassen auch innerhalb der Formantstrecke II gut die Verlagerung der Intensität auf höhere Klangteile erkennen.

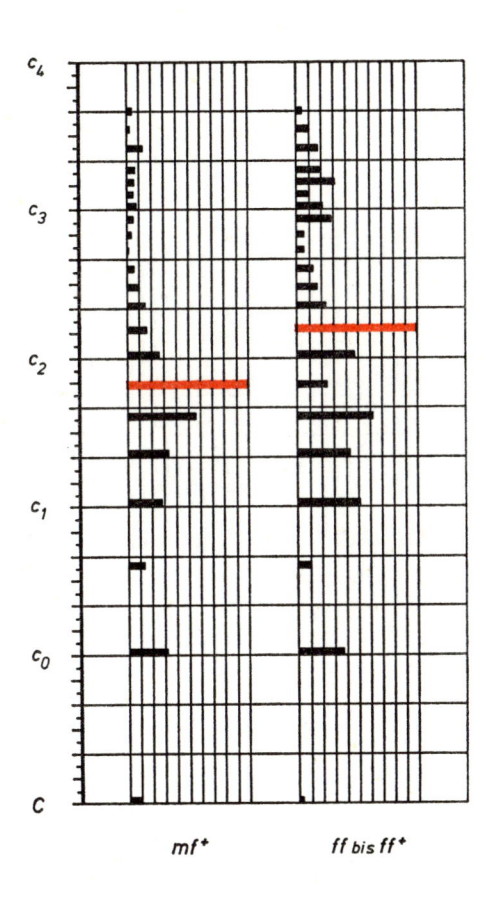

Tabelle 24. Fagott-Klänge auf C.

Zum Sprunggesetz

An der Zusammenstellung der Fourieranalysen von drei Oboe-Klängen auf g_1 in Tabelle 25 ist zu erkennen:
Das im p-Klang auf dem 3. Partialton liegende Maximum verschiebt sich bei Verstärkung des Klanges zum forte und ff (gemäß dem Verschiebungsgesetz) zunächst auf den 4. Partialton innerhalb der Formantstrecke I. Bei Steigerung des Klanges auf fff springt das Maximum in die Formantstrecke II (und zwar auf den 8. Partialton)

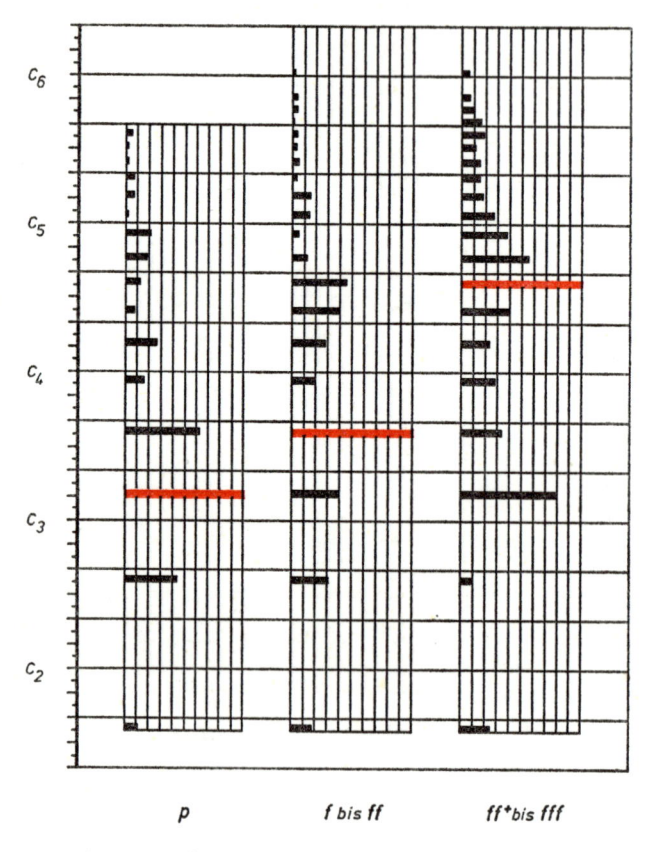

Tabelle 25. Oboe-Klänge auf g_1.

und überspringt dabei die zwischen den Formantstrecken gelegenen Klangkomponenten.

Das Sprunggesetz wird auch durch das folgende einprägsame Beispiel in Tabelle 26 bestätigt.
Das im p- und forte-Fagott-Klang in der Formantstrecke I, und zwar auf dem 3. Partialton befindliche Maximum ist im ff^+-Klang auf dem 8. Partialton, also in der Formantstrecke II zu finden, hat also die Partialtöne 4, 5, 6 und 7 übersprungen.

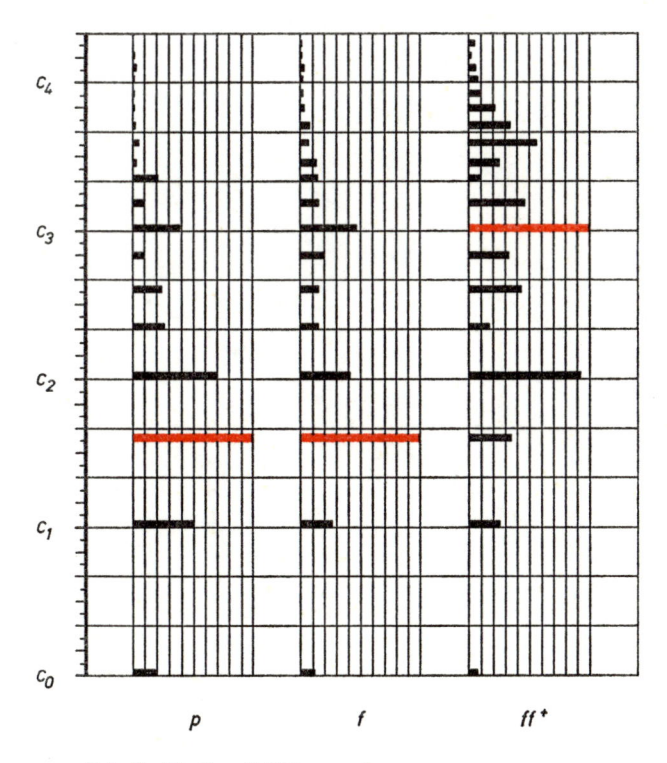

Tabelle 26. Fagott-Klänge auf c_0.

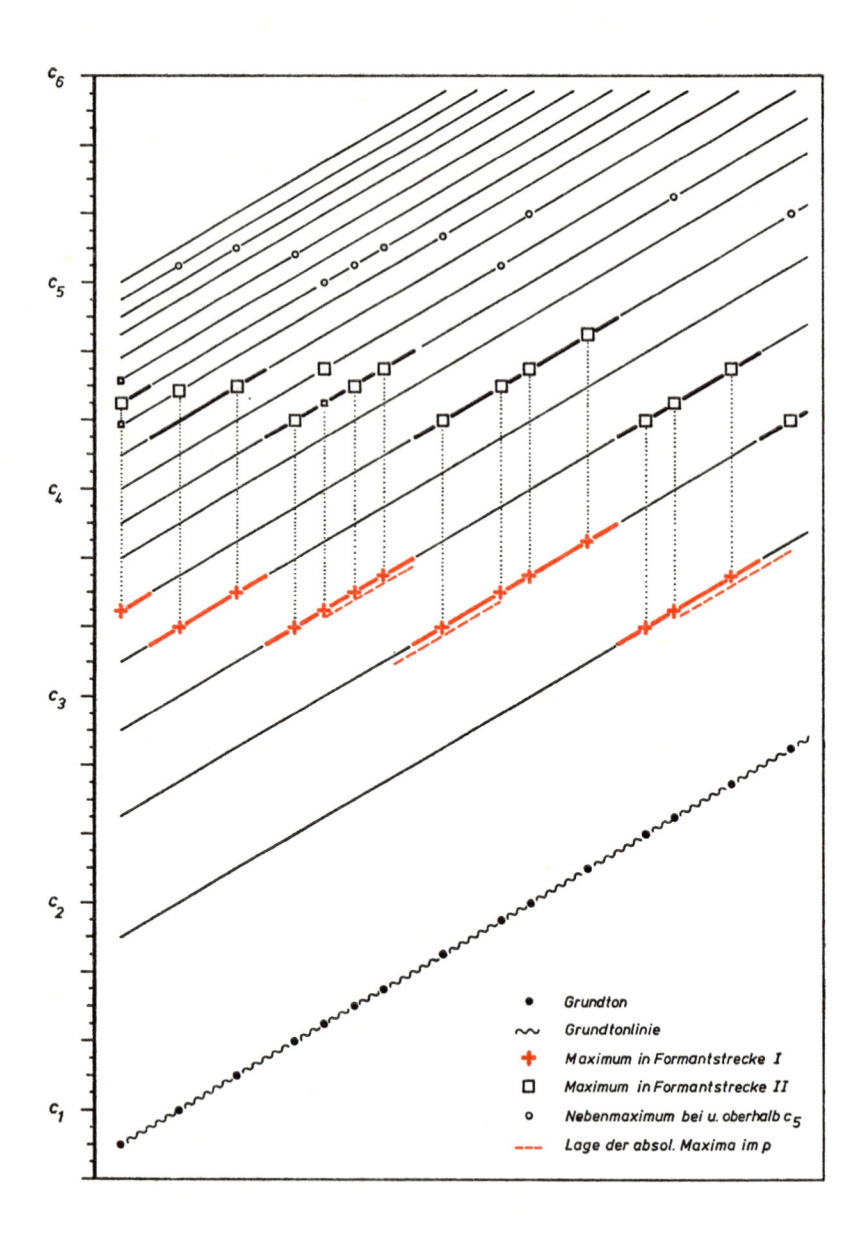

Tabelle 27. Formanten-Intervall der Oboe.

Zum Formanten-Intervallgesetz

Zur Erläuterung des Formanten-Intervallgesetzes seien drei Beispiele besprochen.

Die Tabellen 27, 29 und 31 enthalten über den Grundtönen ($\cdot$) – und zwar auf den im Obertonabstand parallel zur Grundtonlinie eingezeichneten Obertonlinien – die zu den betreffenden Grundtönen gehörigen, in den Formantstrecken I und II ermittelten stärksten Partialtöne. Die stärksten Partialtöne in der Formantstrecke I sind mit + gekennzeichnet, die stärksten in der Formantstrecke II mit □.

Tonhöhe	Stärkster PT in Formantstrecke I	Stärkster PT in Formantstrecke II	Schwingungszahlenverhältnis
b_0	6.	13.(12.)	annähernd 1 : 2
c_1	5.	11.	annähernd 1 : 2
c_1	5.	10.	1 : 2
c_1	5.	10.	1 : 2
d_1	5.	10.	1 : 2
d_1	5.	10.	1 : 2
e_1	4.	8.	1 : 2
f_1	4.	9.(8.)	annähernd 1 : 2
f_1	4.	9.	annähernd 1 : 2
f_1	4.	8.	1 : 2
fis_1	4.	8.	1 : 2
fis_1	4.	8.	1 : 2
g_1	4.	8.	1 : 2
g_1	3.	6.	1 : 2
gis_1	4.	8.	1 : 2
a_1	3.	6.	1 : 2
h_1	3.	6.	1 : 2
h_1	3.	6.	1 : 2
h_1	3.	6.	1 : 2
c_2	3.	6.	1 : 2
c_2	3.	6.	1 : 2
c_2	3.	6.	1 : 2
d_2	3.	6.	1 : 2
e_2	2.	4.	1 : 2
f_2	2.	4.	1 : 2
f_2	2.	4.	1 : 2
g_2	2.	4.	1 : 2
g_2	2.	4.	1 : 2
gis_2	2.	4.	1 : 2

Tabelle 28. Formanten-Intervall der Oboe. Mehrfach angegebene Tonhöhen betreffen weitere Oszillogramme dieses Tones.

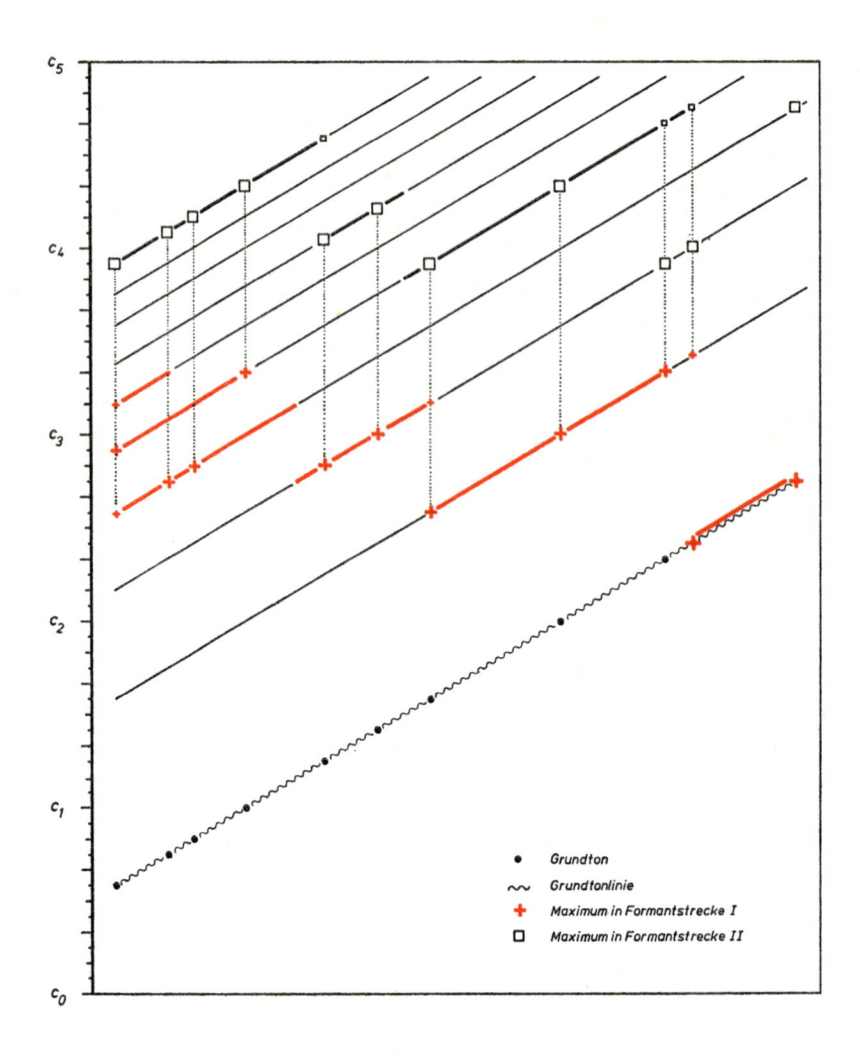

Tabelle 29. Formanten-Intervall des Englischhorn.

In typischen **Oboe-Klängen** hat der stärkste Partialton in der Formantstrecke I zum stärksten Partialton in der Formantstrecke II stets das **Schwingungszahlenverhältnis 1:2**.
Näheres geht aus Tabelle 28 Seite 67 hervor.

In typischen **Englischhorn-Klängen** verhält sich die Schwingungszahl des stärksten Partialtones der Formantstrecke I zur Schwingungszahl des stärksten Partialtones der Formantstrecke II wie **2:5** (oder die betreffenden Teiltöne weisen annähernd dieses Schwingungszahlenverhältnis auf; z. B. 5:13, 5:12, 3:7). Vergleiche dazu Tabelle 30.

In charakteristischen **Fagott-Klängen** bildet der stärkste Partialton der Formantstrecke I mit dem stärksten Partialton der Formantstrecke II etwa das **Schwingungszahlenverhältnis 3:8**.
Siehe dazu Tabelle 31 Seite 70.

Tonhöhe	Stärkster PT in Formantstrecke I	Stärkster PT in Formantstrecke II	Schwingungszahlenverhältnis
e_0	2.	5.	2 : 5
f_0	2.	5.	2 : 5
g_0	5.	13.	annähernd 2 : 5
g_0	(4.) 5.	10.	2 : 5
a_0	4.	10.	2 : 5
b_0	4.	10.	2 : 5
h_0	5.	13.	annähernd 2 : 5
c_1	5.	10.	1 : 2
c_1	5.	12.	annähernd 2 : 5
c_1	5.	12.	" 2 : 5
es_1	3.	7.	" 2 : 5
es_1	3.	7.	" 2 : 5
f_1	3.	7.	" 2 : 5
g_1	2.	5.	2 : 5
c_2	2.	5.	2 : 5
e_2	2.	5.	2 : 5

Tabelle 30. Formanten-Intervall des Englischhorn. Mehrfach angegebene Tonhöhen betreffen weitere Oszillogramme dieses Tones. Vergleiche auch Fußnote 1 S. 49 zum c_1-Klang.

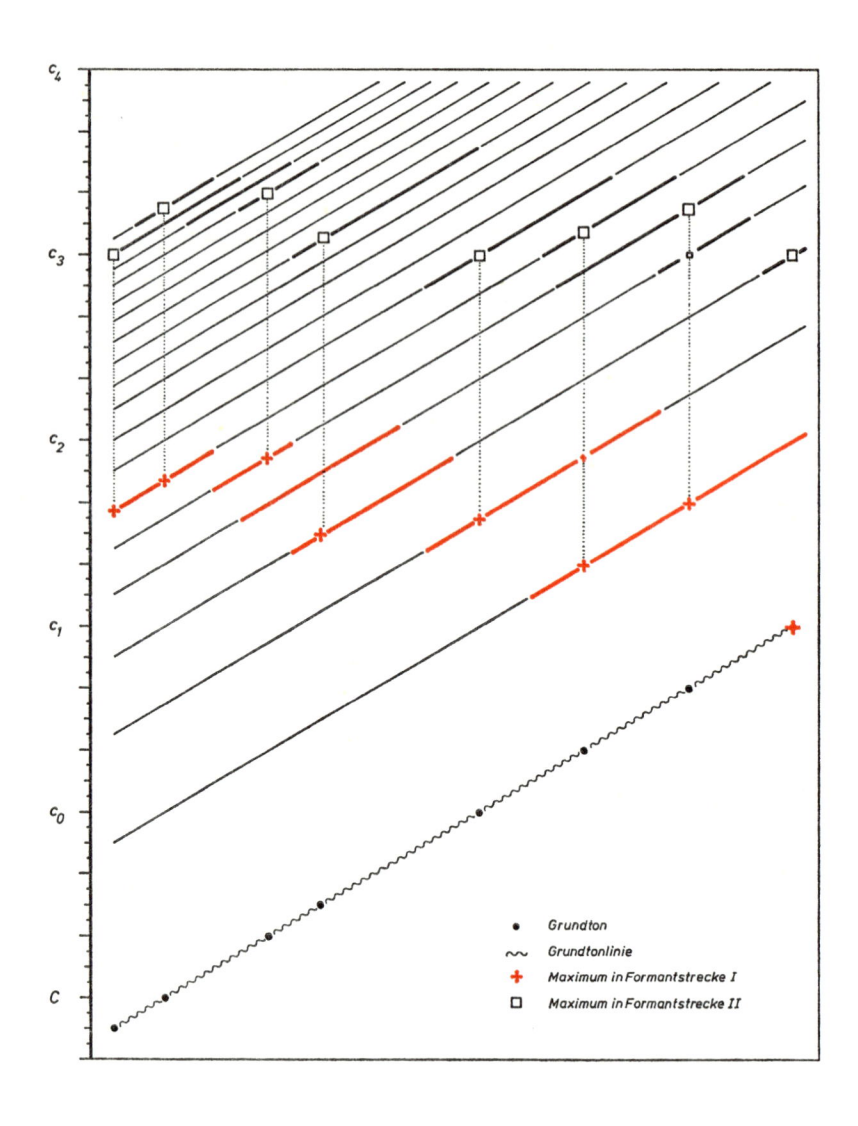

Tabelle 31. Formanten-Intervall des Fagott.

Hinweis auf die Phasenrelationen

Bemerkenswert ist die aus den Kurvenbeispielen in Bild 4 und Bild 5 Seiten 72 und 73 hervorgehende Tatsache, daß die *Phasenlage* der Partialtöne der Klänge eines Musikinstrumentes – mindestens die der auf dem gleichen Grundton intonierten Klänge – trotz erheblicher Intensitätsunterschiede der immer wieder neu angeblasenen Töne *konstant* bleibt.
Das könnte damit zusammenhängen, daß es sich um erzwungene Schwingungen mehrerer *eng gekoppelter Resonanzsysteme* handelt, die bei ein und demselben Instrument nur bestimmte Phasenrelationen der den Partialtönen entsprechenden Sinusschwingungen zulassen (einleiten)[1].
Im einzelnen sind die Phasenrelationen der Teiltöne (bei gleichbleibender Tonhöhe) durch die Form und die Dauer der durch das Rohrblatt gesteuerten und auf die schwingende Luftsäule einwirkenden Luftimpulse bestimmt[2]. Wenn bemerkenswerte Phasendrehungen von Teiltönen in den Luftimpulsen der verschiedenen dynamischen Grade nicht vorkommen, werden sie auch im abgestrahlten Klang nicht hervortreten können.
Bei SCHUMANN findet sich leider keine Bemerkung über die Phasenkonstanz.

---

[1] Siehe auch J. P. FRICKE, Formantbildung in musikalischen Klängen, Antrittsvorlesung 1969, mschr., gekürzter Abdruck in: Fernseh- und Kinotechnik 27(1973) S. 93–97.
[2] Ders., Formantbildende Impulsfolgen bei Blasinstrumenten; in: Fortschritte der Akustik, Plenarvorträge und Kurzreferate der 4. Tagung der Deutschen Arbeitsgemeinschaft für Akustik DAGA '75 Braunschweig, Weinheim 1975, S. 407–410.

Klang 1

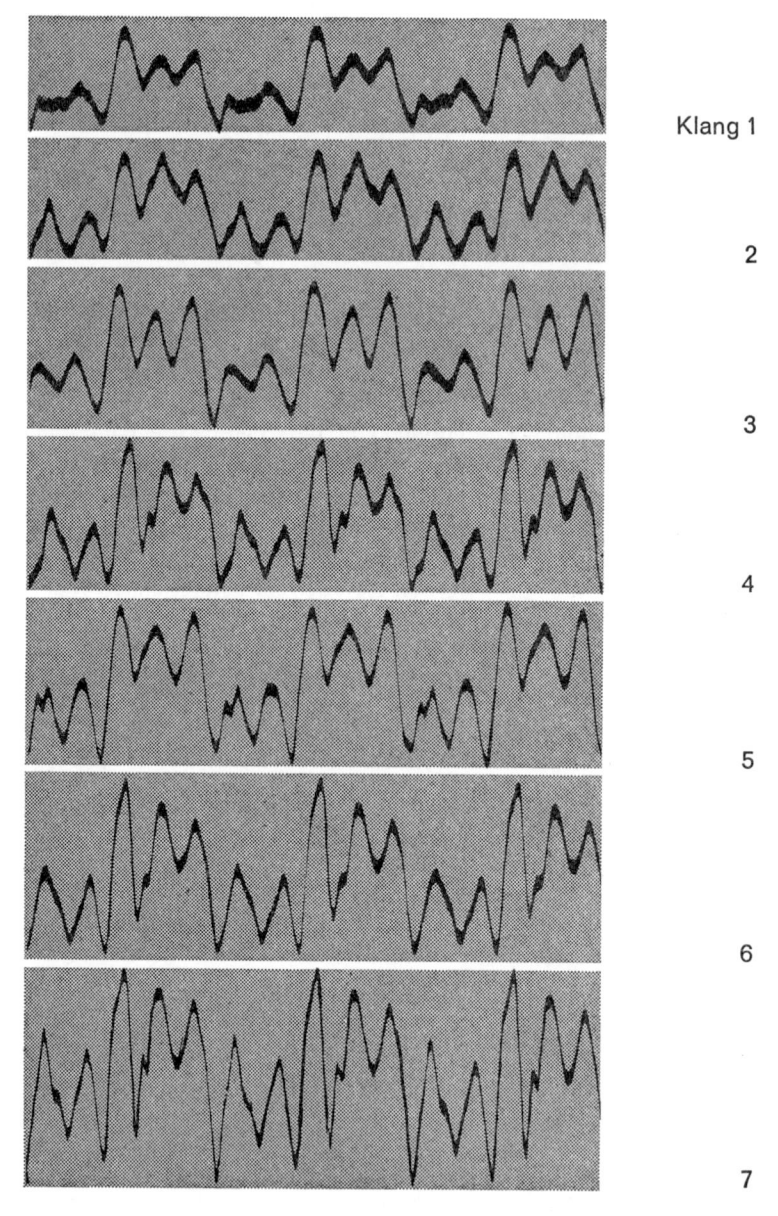

2

3

4

5

6

7

Bild 4. Oszillogramme von Klarinetten-Klängen auf c_1. Klang 1 hat die Stärke mf, dann ansteigend über die Klänge 2 bis 7, der die Stärke ff aufweist.

mf-Klang

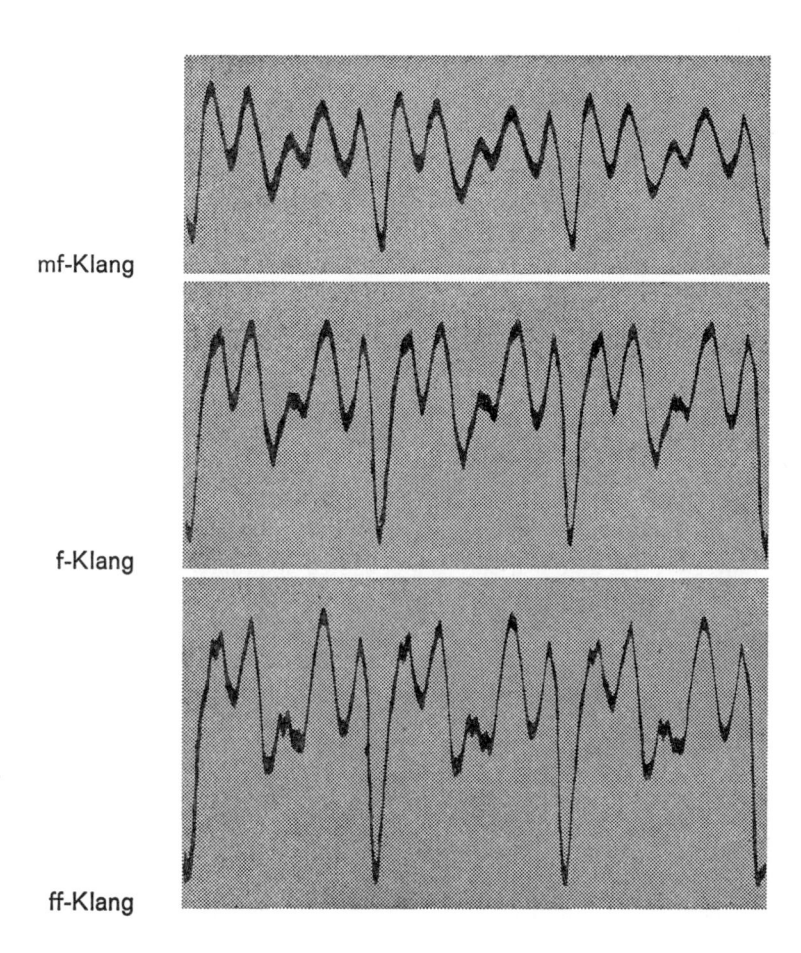

f-Klang

ff-Klang

Bild 5. Oszillogramme von Englischhorn-Klängen auf e_0.

Neuere Erkenntnisse zur Klangfarbenlehre

Es sind lediglich drei Arbeiten, die in der Nachfolge SCHUMANNs unter Berücksichtigung der Klanggesetze Instrumentalklänge behandeln, nämlich die als Vorstudie zu wertende Veröffentlichung FRICKEs[1] und die Dissertationen von U. MÜLLER[2] und W. VOIGT[3] zu nennen. Die Ergebnisse der Untersuchungen von Klängen von Clarinen und Trompeten bestätigen auch bei diesen Instrumenten das Vorhandensein fester Formantgebiete, welche in diesem Fall in der Regel das Intervallverhältnis 1:2:3 bilden. Es zeigt sich bei diesen Arbeiten erneut, daß solche detaillierten Ergebnisse nur mit den differenzierten Verfahren SCHUMANNs, bei welchen z. B. die Klänge verschiedener Anblasstärke und Tonqualität gesondert ausgewertet werden, zu erhalten sind[4].

Alle anderen Arbeiten sollen hier nur kurz genannt werden. Sie sind für eine Auswertung in diesem Zusammenhang kaum ergiebig; denn sie sind weniger auf die Auffindung von Gesetzmäßigkeiten innerhalb der Klangstruktur gerichtet als vielmehr darauf,

---

[1] J. P. FRICKE, Klangeigenschaften von Clarinen der Cappella Coloniensis, in: Festschr. H. HÜSCHEN z. 50. Geburtstag, Beitr. z. Rhein. Musikgeschichte, Hrsg. U. BÄCKER, Köln 1965 H. 62 S. 152–156.

[2] U. MÜLLER, Untersuchungen zu den Strukturen von Klängen der Clarin- und Ventiltrompete, Diss. Köln 1970, Kölner Beitr. z. Musikforschung Bd. 60, Regensburg 1971.

[3] W. VOIGT, Untersuchungen zur Formantbildung in Klängen von Fagott und Dulzianen, Diss. Köln 1975, Kölner Beitr. z. Musikforschung Bd. 80, Regensburg 1975.

[4] Siehe dazu Nachtrag letzter Absatz Seite 79.

1) allgemeine Aussagen über die Klangspektren verschiedener Instrumente zu machen,
2) Klangspektren einzelner Instrumente zu bewerten und mit ihrer Hilfe zu einem Werturteil über die Qualität des betreffenden Instrumentes zu gelangen,
3) die Vorgänge der Schallerzeugung und -abstrahlung genauer zu untersuchen,
4) den Mechanismus der Formantbildung zu erklären.

MEYER und BUCHMANN stellten 1931 einen Katalog der Klangspektren von Musikinstrumenten[1] zusammen, über den MEYER an anderer Stelle gesondert berichtete[2]. Ähnliche Messungen, jedoch mit Halboktavpaßfiltern, führten SIVIAN, DUNN und WHITE etwa zur gleichen Zeit durch[3,4]. In beiden Fällen sind die Ergebnisse jedoch zu pauschal, als daß man die Klänge der einzelnen Instrumente auf Grund ihrer Spektren hinreichend charakterisieren könnte.

In einer Reihe weiterer Arbeiten wird entweder vorwiegend die Schwingungserregung oder das Resonanzsystem untersucht. ASCHOFF legte in seiner Dissertation Ergebnisse über Rohrblattschwingungen der Klarinette vor[5], während BACKHAUS[6] und in seiner Nachfolge MEINEL[7...11], LOTTERMOSER mit LINHARDT[12] und LOTTERMOSER mit MEYER[13] die Resonanzgebiete von Streichinstrumenten, insbesondere der Geige ermittelten. Der Zielsetzung dieser Arbeiten entsprechend ist keine Interpretationsmöglichkeit im Sinne der SCHUMANNschen Gesetze gegeben.

---

[1] E. MEYER und G. BUCHMANN, Die Klangspektren der Musikinstrumente, Sitz.-Ber. d. Preuß. Akad. d. Wissensch. math.-physik. Kl. 32(1931) S. 735–778.

[2] E. MEYER, Die Klangspektren der Musikinstrumente, Zs. f. techn. Physik 12(1931) S. 606–611.

[3] L. J. SIVIAN, H. K. DUNN and S. D. WHITE, Absolute Amplitudes and Spectra of Certain Musical Instruments and Orchestras, JASA 2(1931) S. 330–371; ferner siehe dazu

[4] R. W. YOUNG and H. K. DUNN, On the Interpretation of Certain Sound Spectra of Musical Instruments, JASA 29(1957) S. 1070–1073.

[5] V. ASCHOFF, Experimentelle Untersuchungen an einer Klarinette, Akust. Zs. 1(1936) S. 77–93.

[6] H. BACKHAUS, Über Resonanzeigenschaften von Streichinstrumenten, Akust. Zs. 1(1936) S. 179–184.

[7] H. MEINEL, Über Frequenzkurven von Geigen, Akust. Zs. 2(1937) S. 22 bis 33 und Forts. S. 62–71. Fortsetzung der Fußnoten: Seite 76

Ebenso wie die oben genannten Veröffentlichungen bieten die von McGINNIS, HAWKINS und SHER[14] sowie die von MARTIN[15], von SAUNDERS,[16] von ROHLOFF[17, 18] und von J. MEYER[19] mehr einen Überblick über die verschiedenen Spektren und ihre Teiltonstärken als ein Mittel zur Definition des Instrumentalklanges. Jedoch kann bei geeigneter Sortierung und Anordnung der SAUNDERS-Ergebnisse auch in seiner Arbeit das Vorhandensein von Formanten nachgewiesen werden, obgleich der Verfasser ihre Existenz leugnet. Überblicke über weitergehende und neuere Literatur geben die Werke von OLSON (1967)[20], BACKUS (1969)[21] und J. MEYER (1972)[22].

Die klanganalytischen Arbeiten LOTTERMOSERs an Orgelklängen[23...29] erbringen den Beweis eines am Vokal a orientierten

---

[8] H. MEINEL, Akustische Eigenschaften klanglich hervorragender Geigen, Akust. Zs. 4(1939) S. 89–112.

[9] Ders., Akustische Eigenschaften von Geigen verschiedener Klangqualität, Akust. Zs. 5(1940) S. 124–129.

[10] Ders., Über Frequenzkurven von Geigen, Akust. Zs. 5(1940) S. 283–300.

[11] Ders., Regarding the Sound Quality of Violins and a Scientific Basis for Violin Construction, JASA 29(1957) S. 817–822.

[12] W. LOTTERMOSER und W. LINHARDT, Beitrag zur akustischen Prüfung von Geigen und Bratschen, Acustica 7(1957) S. 281–288.

[13] W. LOTTERMOSER und FR.-J. MEYER, Impulsmethode zur Messung von Geigenresonanzen, Gravesaner Blätter 5(1960) H. 19–20, S. 106–119.

[14] C. S. McGINNIS, H. HAWKINS and N. SHER, An Experimental Study of the Tone Quality of the Boehm Clarinet, JASA 14(1943) S. 228–237.

[15] D. W. MARTIN, Directivity and Spectra of Brass Wind Instruments, JASA 13(1942) S. 309–313.

[16] F. A. SAUNDERS, Analyses of the Tones of a Few Wind Instruments, JASA 18(1946) S. 395–401.

[17] E. ROHLOFF, Der Klangcharakter altitalienischer Meistergeigen, Zs. f. Naturforschung 3a(1948) S. 184–185.

[18] Ders., Der Klangcharakter altitalienischer Meistergeigen, Zs. f. angew. Physik 2(1950) S. 145–150.

[19] J. MEYER, Akustik der Holzblasinstrumente in Einzeldarstellungen, Frankfurt/M. 1966.

[20] H. F. OLSON, Music, Physics and Engineering, 2. Aufl. New York 1967.

[21] J. BACKUS, The Acoustical Foundations of Music, New York 1969.

[22] J. MEYER, Akustik und musikalische Aufführungspraxis, Frankfurt/M. 1972.

[23] W. LOTTERMOSER, Akustische Eigenschaften hochwertiger Orgeln, Physikalische Blätter 4(1948) S. 103–109.

[24] Ders., Elektroakustische Messungen an berühmten Barockorgeln Oberschwabens, I. Schalldruckaufnahmen, Zs. f. Naturforschung 3a(1948) S. 298–308.

Fortsetzung der Fußnoten: Seite 77

Klangideals für die Barockorgel; sie zeigen bei Plenumklängen solcher Orgeln das Vorhandensein eines a-Formanten.

JOSTs „Akustische und psychometrische Untersuchungen an Klarinettenklängen" sind vorwiegend auf die *Beurteilung* von Klängen gerichtet. Dennoch ist es möglich, anhand der Abbildungen bei einigen Klangspektren die SCHUMANNschen Gesetze zu bestätigen, wenn man berücksichtigt, daß die bei JOST mit Formant I bezeichnete Formantstrecke die von SCHUMANN gefundene Formantstrecke II ist und etwa eine None tiefer, von h_2 bis g_3, die Formantstrecke I zu suchen ist[30].

In den Arbeiten der letzten Zeit werden vorwiegend Fragen des Zusammenwirkens von Teiltönen und Eigenschwingungen behandelt, die schließlich zu neuen Vorstellungen über die Formantbildung führen. Erste Hinweise auf die Bedeutung der „Koinzidenz" von Teilton und Eigenschwingung für die Klangformung finden sich bei SKUDRZYK[31] und bei BENADE[32]. Die Idee wird aufgenommen und variiert von FRANSSEN[33]. Eine Überprüfung nimmt BACKUS anhand von Spektralanalysen von Klarinettenklängen und Messungen der Eigenschwingungen des Instrumentes vor[34]. Leider werden in dieser Arbeit vorwiegend Klänge des klanglich uneinheitlichen Mittelregisters untersucht; die übrigen Spektraldarstellungen zei-

---

[25] W. LOTTERMOSER, Elektroakustische Messungen an berühmten Barockorgeln Oberschwabens, II. Klanganalytische Untersuchungen, Zs. f. Naturforschung 5a(1950) S. 159–168.

[26] W. LOTTERMOSER und A. PIETZKER, Versuche zur Entwicklung einer neuartigen Orgelmixtur mit Vokalcharakter, Die Musikforschung 4(1951) S. 208–210.

[27] W. LOTTERMOSER, Warum akustische Messungen an Barockorgeln? Archiv f. Musikwiss. 9(1952) S. 148–158.

[28] Ders., Vergleichende Untersuchungen an Orgeln, Acustica 3(1953) S. 129 bis 138.

[29] Ders., Acoustical Design of Modern German Organs, JASA 29(1957) S. 682–689.

[30] E. JOST, Akustische und psychometrische Untersuchungen an Klarinettenklängen, Veröffentl. d. Staatl. Inst. f. Musikforschung Berlin, Preuß. Kulturbesitz Bd. 1, Köln 1967.

[31] E. SKUDRZYK, Die Grundlagen der Akustik, Wien 1954, S. 156.

[32] A. H. BENADE, On Woodwind Instrument Bores, JASA 31(1959) S. 137 bis 146.

[33] N. V. FRANSSEN, The Mechanism of the Human Voice and Wind Instruments, 4. Intern. Congress on Acoustics, Kopenhagen 1962, Ref. G. 12.

[34] J. BACKUS, Resonance Frequencies of the Clarinet, JASA 43(1968) S. 1272–1281.

gen Analysen des Klarinregisters; vom Schalmeiregister fehlt überhaupt jeder Klang. Daher können die Ergebnisse nicht zur Bestätigung fester Formantstrecken herangezogen werden, wenngleich solche Bereiche bei der Betrachtung einiger Abbildungen durchaus zu erkennen sind.

Über die grundsätzlich unterschiedliche Entstehungsweise der Formanten bei den verschiedenen Instrumentengattungen machte FRICKE[1] folgende Ausführungen:

„Die Formantbildung bei den Blasinstrumenten muß anders gesehen werden als bei der menschlichen Stimme oder bei den Streichinstrumenten. Im Spektrum der menschlichen Stimme wird jeder Formant von *einer* Resonanzfrequenz des Ansatzrohres erzeugt. Der Resonanzbereich einer Eigenschwingung selbst bildet sich im Spektrum ab. In der Regel fallen mehrere Teiltöne in einen Resonanzbereich, d. h. die Resonanzbereiche liegen dann weiter auseinander als die Teiltöne ($\Delta f_{res} > \Delta f_s$).

Auch bei den Streichinstrumenten wirkt das Übertragungs- und Abstrahlungssystem in erster Näherung als passives akustisches Filter. Einzelne Resonanzspitzen sowie breite Resonanzbereiche, die sich aus einer großen Zahl benachbarter Resonanzen zusammensetzen, zeichnen sich in der Einhüllenden ab, die ihrerseits ihre Form dem Teiltonspektrum aufprägt.

Demgegenüber entstehen die Formanten in den Klängen der Blasinstrumente [nach FRANSSEN und BACKUS (Erg. d. Verf.)] durch eine Art Interferenz zwischen den Eigenschwingungen und den Teiltönen. In der Regel wird jeder Formant von *mehreren* Resonanzen erzeugt. Bemerkenswert ist dabei vor allem, daß die Resonanzfrequenzen stets enger oder höchstens geringfügig weiter auseinander liegen als die Teiltöne. Häufig ist der Abstand der Teiltöne untereinander ein Mehrfaches von dem der Resonanzen ($\Delta f_{res} \leq \Delta f_s$). Das ist dann der Fall, wenn das Instrument überblasen wird.

Die interferenzartigen Erscheinungen kommen dabei dadurch zustande, daß die *Resonanz*frequenzen, auf denen die sog. Naturtöne erregt werden, Abweichungen von der harmonischen Reihe aufweisen, während die Teiltöne streng harmonisch liegen. Die Abweichungen werden einerseits verursacht durch die Form des Rohres, das die schwingende Luftsäule begrenzt, andererseits durch die Randbedingungen an den Öffnungen."

---

[1] J. FRICKE, a. a. O. 1969 u. 1973 S. 96.

Die Formantbildung ist bis jetzt jedoch noch nicht für alle Blasinstrumente endgültig geklärt worden. So müßten Anregungsfunktion und Abstrahleigenschaften vermutlich noch stärker in die Vorstellungen einbezogen werden.

Für die Rohrblattinstrumente zeichnet sich inzwischen eine Klärung ab. Die Anregungsfunktion, die aus einer Folge von Luftimpulsen besteht, welche aus dem Luftstrom am Rohrblatt erzeugt werden, besitzt ein Spektrum mit formantähnlicher Obertonverteilung. Bedingung für die Entstehung von in festen Frequenzgebieten liegenden Formanten bei unterschiedlicher Frequenz der Impulsfolge (Tonhöhe) ist die konstante Impulsbreite bei unterschiedlichen Impulsabständen oder aber bei Variation der Impulsbreite mit der Tonhöhe ein konstanter Abstand zwischen den Impulsen[1]. Tatsächlich bleiben die Abstände zwischen den Impulsen in weiten Tonhöhenbereichen konstant[2], während das Verschiebungsgesetz und das Sprunggesetz durch geringfügige Variierung der Abstände, insbesondere aber eine Variierung der Impulsform, realisiert werden.

Diese Vorstellungen über die Formantbildung sind zum Teil auch für die Blechblasinstrumente zutreffend.

Nachzutragen sind noch die Arbeiten von P. R. LEHMAN, D. A. LUCE[3-7] und U. SIRKER[8], die u. a. nach Abschluß (1970) der vorliegenden Darstellung bekannt wurden. Ohne Kenntnis der SCHUMANNschen Untersuchungen berücksichtigten LEHMAN und LUCE schon die Abhängigkeit der Klangfarbe von der Anblasstärke bzw. den dynamischen Graden als Parameter.

---

[1] J. FRICKE, a. a. O. 1975.
[2] W. VOIGT, a. a. O. 1975.
[3] P. R. LEHMAN, The Harmonic Structure of the Tone of the Bassoon, Diss. Michigan 1962 (masch.-schr.).
[4] Ders., Harmonic Structure of the Tone of the Bassoon, JASA 36(1964) S. 1649–1653.
[5] D. A. LUCE, Physical Correlates of Nonpercussive Musical Instrument Tones, Diss. Massachusetts 1963 (masch.-schr.).
[6] D. A. LUCE und M. CLARK, JR., Physical Correlates of Brass-Instrument Tones, JASA 42(1967) S. 1232–1243.
[7] D. A. LUCE, Dynamic Spectrum Changes of Orchestral Instruments, Journ. Audio Eng. Soc. 23(1975) S. 565—568.
[8] U. SIRKER, Strukturelle Gesetzmäßigkeiten in den Spektren von Blasinstrumentenklängen, Acustica 30(1974) S. 49–59.

Konsequenzen der Schumannschen Klangfarbengesetze

Gültigkeit für Vokalklangfarben

Mit der Widerlegung der die Zusammensetzung der Musikinstrumenten-Klangfarben betreffenden HELMHOLTZschen Relativtheorie durch E. SCHUMANN war klar, daß dessen vier neue Klangfarbengesetze nicht nur für die Klänge der Musikinstrumente, sondern für alle musikalischen Klangfarben, also auch für Vokalklangfarben dieselbe fundamentale Gültigkeit haben.
SCHUMANN hat die Fragen nach der Gültigkeit der Klangfarbengesetze für die Vokale mit dem Hinweis auf folgende überzeugende Beispiele[1] entsprechend beantwortet.

Zum Formantstreckengesetz

Bei Steigen des Grundtones rücken z. B. die die Klangfärbung bestimmenden Partialtongruppen in den Formantstrecken für den Vokal Ä (c_2–g_2 und a_3–ges_4), Vokal E (fis_1–es_2 und h_3–g_4) und Vokal I (as_0–es_1 und dis_4–a_4) auf Klangteile niederer Ordnungszahl herab.
Andere Beispiele:
Steigt der Grundton im Ä-Klang von c_0 auf d_0, so fällt das Maximum von g_2 (6. Partialton des c_0) auf fis_2 (5. Partialton des d_0).

---

[1] E. SCHUMANN, Zur Physik der Vokalklangfarben, in: Musicae Scientiae Collectanea, Festschrift für Prof. Dr. Dr. K. G. FELLERER zum 70. Geburtstag, Hrsg. H. HÜSCHEN, Köln 1973.

Steigt der Grundton im Ä-Klang von b_0 auf h_0, so rückt das Maximum von b_2 (4. Partialton des b_0) auf fis_2 (3. Partialton des h_0) herab und
steigt der Klang des Vokales E von c_0 auf d_0, so verlegt sich das Maximum von c_2 (4. Partialton des c_0) auf a_1 (3. Partialton des d_0).

Zum akustischen Verschiebungsgesetz

Erklingt z. B. der Vokal E im mf auf fis_0, so liegt das Maximum auf fis_1; bei Anhebung der Lautstärke rückt das Maximum auf cis_2.
Zeichnet in einem auf As gesungenen Vokal I das Maximum den Ton as_0 aus, so verlegt sich dieses auf es_1, wenn der Vokal mit größerer Lautstärke angegeben wird.
Für den Vokal A wurde die Verschiebung durch eine Untersuchung bestätigt, über die auf dem Intern. Musikwiss. Kongreß Berlin 1974 berichtet wurde[1].

Vokal	Schwingungszahlen-verhältnis der Formantzentren	Zentren der Formantstrecken
U	$\frac{4}{7}$	g_1 und f_2
Ö	$\frac{1}{4}$	g_1 und g_3
Ä	$\frac{5}{14}$	e_2 und b_3
Ü	$\frac{3}{14}$	g_1 und b_3
E	$\frac{1}{6}$	g_1 und d_4
I	etwa $\frac{1}{9}$	g_1 und b_4

Tabelle 32. Formanten-Intervalle der Vokale.

---

[1] W. VOIGT, Anwendungen der Schumannschen Klangfarbengesetze bei der elektroakustischen Übertragung von Sprache und Musik. Bericht über den Intern. Musikwiss. Kongreß, Berlin 1974, erscheint demnächst.

Zum akustischen Sprunggesetz

Das in einem p bis mf auf c_1 intonierten Vokal Ö auf c_2 liegende Maximum springt im ff auf g_3, überspringt also alle zwischen dem 2. und 6. Partialton gelegenen Klangteile.

Zum Formanten-Intervallgesetz

Der Klang eines bestimmten, in seiner Färbung typischen, zwei Formanten aufweisenden Vokales wird unabhängig von der Grundtonhöhe nicht nur durch das Vorhandensein der für den betreffenden Vokal an feste Tonhöhen gebundenen Formantstrecken, sondern stets durch dasselbe (für jeden Vokal aber verschiedene) Schwingungszahlenverhältnis charakterisiert, das die Maxima der Formantstrecken miteinander bilden (Formanten-Intervalle der Vokale, Tabelle 32, Seite 82).

Auswirkungen auf den Musikinstrumentenbau

Welche Konsequenzen die Gesetze z. B. für den Orgelbau haben können, ist schon durch die von H. WINKHAUS (unter Prof. Dr. v. HORNBOSTEL im Berliner STUMPFschen Institut) durchgeführten Untersuchungen[1] dargetan worden.
Oszillogramme von 26 Klängen des Oboenregisters der Orgel zwischen e_1 und a_2 bei verschiedenen Stärkegraden wurden von WINKHAUS nach FOURIER analysiert und mit den entsprechenden von SCHUMANN[2] mitgeteilten Analysen der Original-Oboenklänge verglichen. Die für die Oboenklangfarbe charakteristische hohe Formantstrecke, von der tieferen durch eine leere Strecke getrennt, ist, mit ganz wenigen Ausnahmen, bei den Orgelklängen nur sehr schwach ausgebildet oder fehlt überhaupt. Ebenso wurden Klänge der Klarinetten-, Fagott- und Flötenstimmen der Orgel analysiert und mit denen der entsprechenden Orchesterinstrumente verglichen. Wieder zeigen sich erhebliche Unterschiede bei den beiden Zungenregistern, während die Flötenstimme nicht wesentlich von der Orchesterflöte abweicht, ihre Klangfarbe ist im Gegenteil ausgeglichener durch die Anpassung der Mensur an die Frequenzlage.
Die Ergebnisse sind für den praktischen Orgelbau lehrreich[3], sofern eine getreue Nachbildung der Klangfarben der Orchesterinstrumente durch die Orgel erstrebt wird.

[1] H. WINKHAUS, Akustische Untersuchungen, Diss. Universität Berlin 1930.
[2] E. SCHUMANN, a. a. O. 1929.
[3] Leider hat WINKHAUS die von v. HORNBOSTEL geplanten vergleichenden akustischen Untersuchungen mit anderen Orgelregistern nicht mehr vornehmen können.

Erstrebenswert erscheint jedoch die Berücksichtigung der SCHUMANNschen Klangfarbengesetze beim Entwurf und Bau elektronischer Orgeln, denn erst dadurch wird es möglich sein, eine dem Ohr vertraute Dynamik der Klangfarben zu vermitteln. Ein erster Hinweis auf dieses aussichtsreiche Anwendungsgebiet ist durch eine deutsche Offenlegungsschrift[1] gegeben.

An einschlägigen Versuchen, das Klang*volumen* von Musikinstrumenten insbesondere das von Violinen zu verbessern, hat es, wie beispielsweise die internationale Patentliteratur zeigt, nicht gefehlt. Die bisherigen Vorschläge[2...7] beschränkten sich jedoch nur darauf, die Tonkraft der Saiten zu verstärken. Eine Verbesserung der charakteristischen *Klänge* der jeweiligen Musikinstrumente wird aber erst durch eine Verstärkung der Partialtöne in den Formantstrecken des betreffenden Instrumentes unter Betonung des Formantintervalls erreicht, wie es inzwischen in einer weiteren deutschen Offenlegungsschrift[8] dargelegt wurde.

Während der Vorbereitungen zum Druck dieses Buches wurde ein neuartiges elektronisches Blasinstrument vorgestellt[9], welches erstmalig die SCHUMANNschen Klangfarbengesetze in einem so hohen Grad der Vollkommenheit verwirklicht, daß auf das Wesentliche und Prinzipielle dieser bemerkenswerten Entwicklung noch kurz eingegangen werden soll.

Zwei Möglichkeiten benutzte man bisher zur Nachbildung von Instrumentalklängen:

1) Den additiven Aufbau eines Partialtonspektrums aus Sinusschwingungen (Synthesizer) und

---

[1] DOS Nr. 2 041 426 v. 24. 2. 72 Klangfarbengetreues elektrisches Musikinstrument.
[2] D Patent Nr. 318 168 v. 29. 4. 19 Verfahren zur Verbesserung des Tones von Streichinstrumenten.
[3] D Patent Nr. 350 781 v. 9. 4. 21 Streichinstrument.
[4] D Patent Nr. 464 704 v. 2. 5. 26 Saiteninstrument.
[5] US Patent Nr. 1 711 386 v. 30. 4. 29 Attachment for Violins.
[6] US Patent Nr. 1 798 048 v. 23. 3. 31 Tone-Amplifying Device for Stringed Musical Instruments.
[7] F Patent Nr. 329 797 v. 26. 2. 03 Perfectionnements aux barres de résonnance pour violons et autres instruments à cordes.
[8] DOS 2 050 220 v. 13. 4. 72 Formantintervall-Hervorhebung bei Musikinstrumenten.
[9] J. FRICKE, W. VOIGT, J. SCHMITZ, Demonstrationsvortrag am 21. 6. 1975 in Berlin.

2) das selektive Ausfiltern gewünschter Spektren aus Rechteck- oder Sägezahnschwingungen (elektronische Orgeln).

Einen neuen dritten Weg beschritten J. FRICKE, W. VOIGT und J. SCHMITZ, davon ausgehend, daß Schwingungen zur Erzeugung musikalischer Klänge immer durch einzelne oder periodische impulsförmige Vorgänge angeregt werden. Diese Stoßanregung ist geläufig bei allen gestrichenen oder angezupften Saiteninstrumenten sowie bei den Rohrblatt- und Blech-Blasinstrumenten. Sie gilt auch mit gewissen Abwandlungen der Anregungsform für Klavier und Flöte.

Impulslänge und -form bestimmen dabei entscheidend die Klangfarbe. Die Partialtonspektren von aus Impulsen bestimmter Form zusammengesetzter Klänge weisen Formantstrecken auf. Hält man die effektive Impulsbreite konstant, während die Tonhöhe variiert wird, so ergeben sich feste, frequenzunabhängige Formantstrecken, wie sie von E. SCHUMANN für die Instrumentalklänge als farbbestimmende Partialtonregionen nachgewiesen wurden.

So wird der Klang in diesem neuen elektronischen Blasinstrument analog zu dem der Musikinstrumente erzeugt. Darüber hinaus erlaubt gerade diese dritte Art der Klangerzeugung auch die Nachbildung aller dynamischen sowie der feinmodulatorischen Vorgänge (Ein- und Ausschwingen, Vibrato), indem der Blasluftstrahl abgetastet und mit diesem Signal die klangerzeugende Elektronik entsprechend gesteuert und moduliert wird.

Wie bei den natürlichen Klängen zeigen die auf diese Weise nachgebildeten Klänge sowohl in quasi-stationären als auch in nichtstationären Klangabschnitten eine annähernd phasenrichtige Zuordnung der Partialtöne zueinander (vergleiche Seite 71 bis 73).

Bemerkenswerte spieltechnische Möglichkeiten folgen aus dem Aufbau des neuen Instrumentes. Die Tastatur ist eine Sensortasten-Klaviatur. Bei gleichbleibender Griff- und Blastechnik wird lediglich durch Umschalten eines Registers die gewünschte instrumentale Klangfarbe eingestellt, und es ist polyphones Spiel (einer Klangfarbe, z. B. mehrstimmiger Flötensatz) mit nur e i n e m Instrument möglich.

Zusammenfassend kann gesagt werden, daß mit weiteren interessanten Verbesserungen und Neuentwicklungen zu rechnen ist, wenn SCHUMANNs Erkenntnisse auf breiterer Ebene Eingang in Theorie und Praxis des Instrumentenbaues gefunden haben werden.

Berücksichtigung der Gesetze bei der elektroakustischen Übertragung von Sprache und Musik

Die Wiedergabeintensität dynamischer Grade

Eine unveränderte Wiedergabe ist nur gewährleistet, wenn die Intensität im Wiedergaberaum an der Stelle des Hörers der im Aufnahmeraum am Platze eines Hörers entspricht. Es muß dabei nicht nur die Gesamtintensität des Schalles erhalten bleiben, sondern auch die spektrale Verteilung der Intensität. Die Gesamtintensität wird gewöhnlich als Schallpegel in Dezibel bezogen auf $I_0 = 10^{-16}$ Watt/cm^2, dem durchschnittlichen Schwellwert unseres Gehörs bei 1000 Hz, angegeben[1]. Sie erzeugt beim Hörer eine gewisse Lautstärke, ausgedrückt in Phon bzw. eine gewisse Lautheit, ausgedrückt in sone.

Die Lautheitsempfindung korreliert mit der Dynamik der Klang*erzeugung*. H. P. REINECKE[2] wies experimentell nach, daß die Empfindung einer Intensität, mit der ein Klang auf einem Musikinstrument oder mit der menschlichen Stimme hervorgebracht wird, nicht notwendig abhängig ist von der Intensität, mit der der Schall an den Ohren des Hörers eintrifft.

J. FRICKE erläutert und vertieft diesen Sachverhalt: „Es ist nicht so, daß piano und forte sich durch Veränderung der Originallautstärke

---

[1] Pegel $P = 10 \log \frac{I}{I_0}$ dB

[2] H. P. REINECKE, Über den doppelten Sinn des Lautheitsbegriffes beim musikalischen Hören, Diss. Hamburg 1953, masch.-schr.

mit Hilfe einer Lautstärkeregelung hervorbringen lassen, daß, extrem ausgedrückt, ein laut wiedergegebenes Piano zu einem Forte wird und ein leise wiedergegebenes Forte zu einem Piano. Vielmehr sind in Forteklängen nach REINECKE hohe Klangkomponenten relativ stärker. Die Lautstärkeregelung ist folglich eher einem optischen Vergrößerungsgerät vergleichbar; wird sein Vergrößerungsfaktor erhöht, so wird der Betrachter näher an das Bild herangebracht. Die relativen Größenverhältnisse werden dabei jedoch nicht verändert."[1]

„Bei den Schallereignissen sind also über die relativen, durch die Lautstärkeunterschiede gegebenen Dynamikunterschiede hinaus noch absolute Dynamikstufen wahrnehmbar. Dies liegt daran, daß die spektrale Intensitätsverteilung von p- und f-Klängen unterschiedlich ist. In f-Klängen sind höhere Komponenten relativ stärker. Dieser Sachverhalt wird vollends deutlich, wenn die Klanggesetze zur Erklärung herangezogen werden. Wird ein pp hervorgebrachter Klang nach und nach bis zum ff gesteigert, so ändern sich die Relationen der Teiltonintensitäten nach dem Verschiebungs- und Sprunggesetz. Die hiermit verbundenen Klangfarbenvariationen des Instrumentalklanges, der auf Grund der Formanten und des Formanten-Intervallgesetzes dabei erhalten bleibt, ermöglichen das Erkennen der dynamischen Stufen. Die Empfindungen p und f werden also den Klangbildern, d. h. den Spektren zugeordnet und nicht den Lautstärken.

Ein lauter Klang mit dem Spektrum des Piano ist für den Hörer eine neue Klangschöpfung. Die mit Hilfe der Tontechnik mögliche Manipulation der Lautstärkeverhältnisse sollte daher gerade mit dem Ziel einer Verfremdung eines Instrumentalklanges eingesetzt werden, nicht aber zur Korrektur einer mißglückten Balance zwischen den Instrumenten."[2]

Die Veränderung der Lautstärke eines Schalles mit breitem Spektrum bewirkt beim Hörer also eine Änderung des Gesamtklangbildes[3]. Sie tritt insbesondere im Bereich der tiefen Frequenzen in

---

[1] J. FRICKE, Genormte Lautheit und die Lautheitsempfindung dynamischer Grade, Preprint Tagung der Audio Engineering Society Central Europe Section, Köln 1971, S. 4. Siehe auch: Ders., Aussteuerung und die Lautheitsempfindung dynamischer Grade, Fernseh- und Kinotechnik 26(1972) S. 121–124.
[2] Ders., a. a. O. 1971 S. 7 und 1972 S. 124.
[3] G. SLOT, Die Wiedergabequalität elektroakustischer Anlagen, Eindhoven 1965, S. 23.

Erscheinung, da im Gebiet der tiefen Töne die Hörschwelle und die Kurven gleicher Lautstärke relativ langsam ansteigen und zusammengedrängt verlaufen. Infolge des relativ steilen Anstiegs bei den hohen Tönen ist die klangliche Veränderung hier zu vernachlässigen. Für die Wiedergabe müßte darum eine Lautstärke, die der des Originals gleichkommt, ideal sein. Die Annahme, daß deshalb eine Abhörlautstärke in der Größe der Originallautstärke bevorzugt werde, wurde allerdings nicht bestätigt.[1]
Das veränderte Klangbild infolge veränderter Wiedergabelautstärke, das also auch durch eine „gehörrichtige Lautstärkeregelung" nicht befriedigend korrigiert werden kann[2], hat wenig Einfluß auf die Klangfarbenempfindung für einzelne Instrumente. M. KWIEK begründet diese Tatsache mit der Lage der Formanten innerhalb des Hörbereichs: „Es ist auffallend, daß die Formanten der guten Geigen in Tonhöhen liegen, bei denen keine derartigen subjektiven Änderungen stattfinden; ähnliches gilt auch für die Sprache".[3] Erstaunlich bleibt hingegen, daß durch den Frequenzgang des Wiedergaberaumes, die Raumresonanzen und das System stehender Wellen im Raum sowie die frequenzabhängige Richtcharakteristik der Abstrahlvorrichtung (Lautsprecher) die Instrumentalklangfarben tatsächlich nicht stärker entstellt werden.

Beeinflussung der Klangfarbe

Eine interessante Konsequenz aus den Klangfarbengesetzen ergibt sich für die elektroakustische Übertragung von Klängen. Da die im wesentlichen klangfarbenbestimmenden Partialtöne nach SCHUMANN immer in den frequenzmäßig festliegenden Formantstrecken zu finden sind, gleichgültig ob ein pp- oder ff-Klang gespielt wird, müßte es möglich sein, durch selektives Verstärken der Partialtöne in diesen Formantstrecken eine Betonung oder sogar eine Vervollkommnung der Klangfarbe des betreffenden Instrumentes zu erreichen.
Im Sinne dieses Vorschlages bemerkt G. SLOT[4] folgendes: „Es ist alles andere als sicher, ob eine Anlage, die unter vollständiger Ein-

---

[1] G. SLOT, a. a. O. S. 18.
[2] Ders., a. a. O. S. 21.
[3] M. KWIEK, Über Lautstärke und Lautheit, Akust. Zs. 2(1937) S. 170–178.
[4] G. SLOT, a. a. O. S. 3 ff.

haltung aller auf wissenschaftlicher Forschung basierenden Anforderungen entworfen wurde, auch die größte Befriedigung beim Abhören ihrer Musikwiedergabe erreicht. Auch kann nicht mit Sicherheit behauptet werden, daß eine Wiedergabe, die den kritischsten Hörer befriedigt, den mit größter Genauigkeit festgestellten objektiven technischen Anforderungen entspricht. Es ist sehr gut möglich, daß ein bestimmtes Bedingtheitsverhältnis besteht. Die Schallwiedergabe läßt sich völlig in Übereinstimmung mit objektiven technischen Normen verwirklichen, und selbst wenn sie technisch vollkommen ist, kann dennoch Unsicherheit über die Größe der musikalischen Befriedigung bestehen. Daher ist auch dann, wenn die Wiedergabequalität subjektiv als vollkommen beurteilt wird, einiger Zweifel über die Erfüllung der technischen Bedingungen möglich.
Diese „Relativitätstheorie" für die Wiedergabetreue läßt sich durch eine Reihe von Argumenten stützen. Eines dieser Argumente besagt, daß die von den meisten Musikinstrumenten erzeugten Klänge von der Konstruktion des Instrumentes nicht nur bestimmt, sondern auch begrenzt werden. Dies gilt für alle mechanischen Instrumente und in geringerem Maße auch für elektronische Instrumente. Obwohl wir an diese Klänge gewöhnt sind, ist es nicht unmöglich, daß sie für noch wohlklingender gehalten werden und somit mehr subjektive Befriedigung schenken würden, wenn sie auf irgendeine Weise verändert werden könnten."
Auch K. BREH[1] bezeichnet Studioaufnahmen als „Dokumente einer Scheinwirklichkeit, die unter Mitwirkung der Technik neue Dimensionen musikalischen Hörens schaffen können". High-Fidelity ist nach seinen Worten als „eigenständiges Medium musikalischer Mitteilung so lange legitim, wie sie der Kontrolle des nachschöpferischen Künstlers unterliegt, nicht zur technischen Spielerei erniedrigt wird, sondern bewußt als Mittel künstlerischen Ausdrucks dient."
R. FELDTKELLER[2] bemerkte dazu im Sinne der Hypothese dieser Arbeit: „Und wenn sich die Klangfarbe bei etwas stärkerer Änderung der Teiltonamplitude verändert, dann wird man in vielen Fällen nicht sicher entscheiden können, ob sich damit die Klangfarbe wirklich verschlechtert oder nicht etwa verbessert hat."

---

[1] K. BREH, Wie naturgetreu ist High-Fidelity? Funkschau 38(1966) H. 6 S. 401.
[2] R. FELDTKELLER, Die Hörbarkeit nichtlinearer Verzerrungen bei der Übertragung musikalischer Zweiklänge, Acustika 2(1952), Akustische Beihefte H. 3 S. 117.

S. GOSLICH[1] stellt neuerdings fest, daß die mit dem Prädikat High-Fidelity ausgezeichneten Aufnahme- und Wiedergabegeräte „dem möglichen Ideal kaum nahe kommen" und daß es notwendig sei, die von SCHUMANN erarbeiteten grundlegenden Gesetze bei der Übertragung von musikalischen Klängen zu berücksichtigen. Daß dieses praktisch noch nicht erreicht ist, liegt wohl nicht so sehr daran, daß es, wie GOSLICH meint, noch große Schwierigkeiten bereitet, die wissenschaftlichen Erkenntnisse in die Praxis umzusetzen, als vielmehr daran, daß systematische Versuche in dieser Richtung noch nicht unternommen worden sind. Ein erster Anstoß in dieser Richtung wurde durch diese Arbeit gegeben.

Unstrittig ist die große Mitverantwortung der Aufnahmeleiter und Toningenieure bei Schallaufzeichnungen und Musikübertragungen. Oberstes Ziel ihrer Bemühungen ist es, gemeinsam mit dem Interpreten und den Musikern eine elektroakustische Wiedergabe hoher musikalischer Befriedigung zu erreichen.

Und doch gibt es bekanntlich immer wieder Fälle, wo die Klangfarbe des einen oder anderen Instrumentes auf Grund besonderer Aufnahmebedingungen, wie z. B. Raumakustik, Orchesteranordnung und Mikrofonaufstellung nicht der Vorstellung entspricht, die der Interpret oder der Solist von der idealen Klangfarbe seines Instrumentes hat, d. h. er hört bei der elektroakustischen Wiedergabe nicht die charakteristische, die typische Klangfarbe seines Instrumentes.

Oft entsteht beim Abhören der Wunsch, den Klang eines Instrumentes oder einer Instrumentengruppe dieser Idealvorstellung anzunähern. G. SLOT[2] umschreibt dies so: „Durch eine besondere Anordnung der Aufnahmemikrofone, durch bestimmte Veränderungen in der Frequenzcharakteristik und durch andere technische Kunstgriffe das Fehlen der Musiker weniger auffällig zu machen."

Bisherige Versuche von KADOW, VERMEULEN und SLOT

G. SLOT[3] beschreibt einen Hörversuch, bei dem der Originalklang eines Kontrabasses mit seinem elektroakustisch wiedergegebenen Klang verglichen wurde, mit dem interessanten Ergebnis, daß bei

---

[1] S. GOSLICH, Musik im Rundfunk, Tutzing 1971, S. 20.
[2] G. SLOT, a. a. O. S 8.
[3] Ders., a. a. O. S. 135.

linearer Wiedergabecharakteristik der elektroakustischen Anlage die Versuchspersonen nicht unterscheiden konnten, welches der originale oder der reproduzierte Klang war. Wurde die Tieftonwiedergabe durch Absenkung geringfügig verschlechtert, erkannten fast alle Versuchspersonen den reproduzierten Klang als solchen richtig, denn die charakteristischen Frequenzen wurden ja geschwächt wiedergegeben. Bei einer verstärkten Wiedergabe des Grundtones und der tiefen Harmonischen auf elektroakustischem Wege waren praktisch alle Antworten falsch, d. h. die Versuchspersonen hielten den elektroakustisch veränderten Klang des Originalinstrumentes für „natürlicher".

R. VERMEULEN[1] machte in einem anderen Versuch die gleichen Erfahrungen. Er vergrößerte den Ton einer Geige, indem er auf elektrodynamischem Wege weitere Geigen von der Solistengeige erregen ließ. Es entstand nicht der Eindruck, daß mehrere Geigen, sondern daß lediglich eine Geige mit vollerem Ton gespielt wurde.

Besonders sind hier die von J. KADOW[2] im Jahre 1930 angestellten originellen Experimente erstmalig zu beschreiben, über die KADOW im gleichen Jahre im STUMPFschen Institut der Universität Berlin berichtete.

Die Versuche hatten den Zweck festzustellen, in welcher Richtung Verbesserungen der damals noch unvollkommenen Wiedergabequalität elektro-akustischer Apparaturen möglich wären – zunächst unabhängig von den wirtschaftlichen Fragen.

KADOW, der die Ergebnisse der SCHUMANNschen Untersuchungen über die „Physik der Klangfarben" kannte, also wußte, daß auch für Instrumentalklänge (wie für Vokale) feste Formantstrecken bestimmend sind, führte folgende Versuche aus:

Violintöne in den Stärkegraden p, mf, f und ff aller vier Saiten und auch Melodienfolgen verschiedener Stärkegrade wurden elektroakustisch aufgenommen, verstärkt und in einem anderen Raum, der zu dem Aufnahmeraum akustisch abgedichtet war, über einen Lautsprecher abgestrahlt. Als Lautsprecherabstrahlungsfläche diente

---

[1] R. VERMEULEN, Möglichkeiten für eine Weiterentwicklung der Geige, Philips Technische Rundschau 5(1940) Nr. 2 S. 36–41.

[2] J. KADOW, Vortrags-Ms. 1930, unveröffentlicht. Herr Dr. B. DINSE (Fa. Siemens, Berlin) machte mich freundlicherweise auf diesen Vortrag aufmerksam. Herr Prof. Dr. KADOW (Berlin) gab mir Gelegenheit, sein Vortragsmanuskript einzusehen, wofür ich mich an dieser Stelle nochmals bedanke.

eine Violine, bei der der mechanisch schwingende Teil des Telefons am unteren Teil des Geigenresonanzkörpers fest angebracht war, so daß die Schwingungen unmittelbar auf den Resonanzkörper der Violine übertragen und von diesem abgestrahlt wurden. Als Anbringungsstelle des Telefons wählte KADOW den Punkt der unteren äußeren Resonanzkörperfläche der Violine, über dem sich im Innenraum des Resonanzkörpers der sogenannte Stimmstock befindet, der die untere und obere Resonanzkörperdecke verbindet.

Die Versuchspersonen, die die Klangfarben zu beurteilen hatten, waren durch einen Vorhang[1] von der Abstrahlungsapparatur getrennt. Sie hatten zu beurteilen, ob hinter dem Vorhang ein Geiger die Violine zum Erklingen brachte, oder ob es sich um elektroakustisch übertragene Violinklänge handelte.

Die Versuchspersonen waren durchweg ausübende Musiker, als Wissenschaftler mit den Problemen der musikalischen Akustik vertraut und deshalb für die Beurteilung von Klangfarbenunterschieden in hohem Maße geeignet.[2]

Diese Hörversuche erbrachten folgende Resultate:

Ohne Ausnahme beurteilten die Versuchspersonen die dargebotenen Einzeltöne und Melodienfolgen als „original gespielte" (also nicht elektro-akustisch übertragene) Violintöne bzw. „original gespielte" Violinmusik.

Übertrug man elektro-akustisch den Klang einer Geige von minderer Klangqualität und wählte als „Lautsprechergeige" ebenfalls ein Instrument minderer Klangqualität, so wurden von der Lautsprechergeige Klänge minderer Qualität abgestrahlt und entsprechend beurteilt.

Benutzte man aber als Lautsprechergeige ein klanglich hochwertiges Instrument, so wurde die Klangfarbe der Töne, die von einer minderwertigen Geige elektroakustisch aufgenommen worden waren, durch die gute Lautsprechergeige so verändert, daß die reproduzierten Klänge durchweg dem edlen Ton des hochwertigen Instruments entsprachen. Das heißt: Die Klänge der schlechten Geige, die elektro-akustisch aufgenommen wurden, erfuhren eine

---

[1] Der Schallschluckgrad des Vorhangs war sehr niedrig und konnte praktisch vernachlässigt werden.

[2] Zu dem sachverständigen Personenkreis gehörten: Der Altmeister der Akustik u. Tonpsychologie Geh.Rat Prof. Dr. C. STUMPF, Direktor d. Psychologischen Instituts; Geh.Rat Prof. Dr. M. PLANCK, Direktor d. Instituts f. Theoretische Physik; Geh.Rat Prof. Dr. W. NERNST, Direktor des Physikalischen Instituts; sämtlich Universität Berlin.

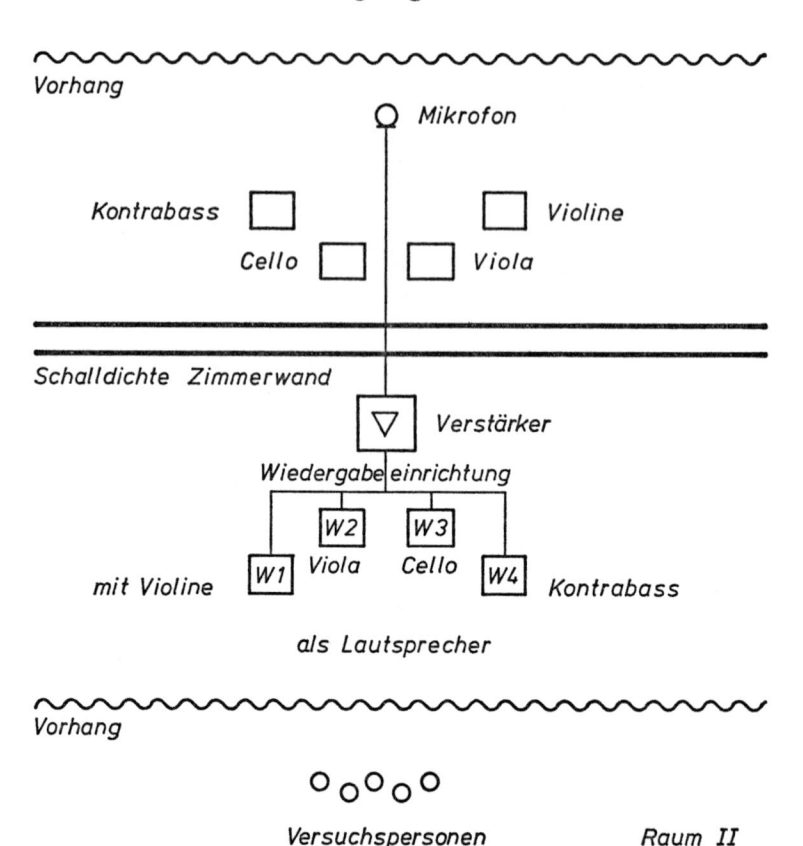

```
                    Versuchspersonen              Raum I
                         O O O O
                          O O
~~~~~~~~~~~~~~~~~~~~~~~~~~~~~~~~~~~~~~~~~~~~~~~~~~~~~~
Vorhang
                              Q  Mikrofon
                              |
   Kontrabass  ☐              |        ☐  Violine
         Cello ☐              |        ☐  Viola
══════════════════════════════|══════════════════════════
──────────────────────────────|──────────────────────────
Schalldichte Zimmerwand       |
                              |
                            ☐ ▽  Verstärker
                    Wiedergabe|einrichtung
                         ┌──┬─┴┬──┐
                        |W2| |W3|
                    |W1| Viola Cello |W4|
   mit Violine                              Kontrabass

                        als Lautsprecher
~~~~~~~~~~~~~~~~~~~~~~~~~~~~~~~~~~~~~~~~~~~~~~~~~~~~~~
Vorhang

                         O O O O
                          O O
                    Versuchspersonen              Raum II
```

Bild 6. Darstellung der KADOWschen Versuchsanordnung.

Veredelung in Richtung der Klänge der sehr guten Lautsprechergeige; die für die Klangbildung entscheidenden starken Partialtöne der Formantstrecken der Lautsprechergeige füllen also die bei der schlechten Geige lückenhaften bzw. zu schwachen Partialtonregionen der Geigenformantgebiete auf.
Die Klangfarbe der elektro-akustisch aufgenommenen Töne einer hochwertigen Geige erfuhr dagegen bei Verwendung eines minderwertigen Instruments als Lautsprechergeige eine Verschlechte-

rung, so daß Klänge reproduziert wurden, die eher denen dieses minderwertigen Instruments eigen waren. Obwohl also der als Lautsprecher benutzten schlechten Geige, die der sehr guten Geige eigenen stärkeren Partialtöne der Formantstrecken zugeleitet wurden, ist die schlechte Geige nicht in der Lage, diese in der notwendigen Weise auszubilden. Ferner verändern andere, wenn auch nicht sehr starke Partialtongruppen – und zwar vornehmlich an den Grenzen der Formantstrecken vorhandene Resonanzlagen – das Klangbild des aufgenommenen hochwertigen Instruments.

In gleicher Weise angestellte Versuche mit der Viola, dem Violoncello und dem Kontrabaß ergaben entsprechende eindeutige Resultate.

Erwähnt sei, daß für diese Versuche – wie bei den oben beschriebenen Geigenexperimenten – neben minderwertigen Instrumenten, die Laienmusikern gehörten, hochwertige Streichinstrumente von führenden Orchestermitgliedern der beiden Berliner Opernhäuser und des Berliner Philharmonischen Orchesters benutzt wurden.

In einem weiteren Versuch wurde das Spiel der vier Streichinstrumente Violine, Viola, Violoncello und Kontrabaß elektroakustisch aufgenommen, verstärkt und in einem zweiten Raum abgestrahlt.

Es fanden nur ein Mikrofon und nur ein Verstärker Verwendung. Als Lautsprecher dienten die 4 verschiedenen Streichinstrumente. Sowohl auf W1 (siehe Darstellung der KADOWschen Versuchsanordnung Bild 6) als auch auf W2, W3 und W4 wurde also die vom Mikrofon im Raum I aufgenommene Musik aller 4 Streichinstrumente elektroakustisch übertragen und in gewissen Grenzen auch von den 4 Instrumenten wiedergegeben.

Aber die Klänge der Violine wurden nach dem Urteil von KADOW (auf Grund eigener Abhörvergleiche bei seinen ausgedehnten Vorversuchen) nur über W1, also über die „Lautsprechergeige" besonders klar und für dieses Instrument „typisch" und „natürlich" abgestrahlt. Entsprechend erhielten die Klänge der anderen Instrumente von ihm die Prädikate „typisch" und „originalgetreu" nur dann, wenn die Abhörung über die ihnen zugehörigen, als Lautsprecher W2, W3 und W4 verwendeten Instrumentenresonanzkörper erfolgte.

Die bespielten Streichinstrumente im Raum I waren von minderer, die als Lautsprecher verwendeten von hochwertiger Klanggüte.

Im Raum I beurteilten die Versuchspersonen, von den bespielten 4 Streichinstrumenten optisch durch einen Vorhang getrennt, das

Gehörte richtig als originale, von den 4 verschiedenen Streichinstrumenten ausgeführte Musik.

Im Raum II, dort ebenfalls von den Wiedergabevorrichtungen W1, W2, W3 und W4 durch einen Vorhang optisch getrennt, erkannten die Versuchspersonen das Gehörte nicht als reproduzierte Musik.

STUMPF: „Hinter dem Vorhang werden originale und zwar bessere Streichinstrumente als die im anderen Zimmer gespielt" (gemeint sind die im Raum I gespielten Instrumente).

PLANCK: „Wenn es eine übertragene Musik sein sollte (gemeint ist die elektro-akustisch übertragene), so ist es mir nicht möglich, sie von einer Originaldarbietung zu unterscheiden. Gegenüber der Musik im Nebenraum (gemeint Raum I) hört sich diese Musik edler und wie in einem größeren Raum[1] gespielt an" (gemeint ist die Musik im Raum II).

NERNST: „Ich revidiere mein Urteil über die im anderen Zimmer (gemeint im Raum I) gehörte Musik. Das scheint mir reproduzierte Musik gewesen zu sein, wenn ich diese hier (gemeint die im Raum II dargebotene Musik) damit vergleiche. Die hier ist schöner und breiter."

KADOW schließt: „Prinzipiell ist mit den besprochenen Experimenten ein Weg gewiesen worden, wie ein elektroakustisch aufgenommener Klang eines Musikinstrumentes

> nach Übertragung so abgestrahlt werden kann, daß der Hörer ihn mit dem zu übertragenden Instrumentalklang mindestens als akustisch genau übereinstimmend beurteilt oder
>
> so verändert werden kann, daß er nach Übertragung dem Hörer im Vergleich mit dem zu übertragenden Original-Instrumentalklang als noch typischer bzw. noch wohlklingender erscheint."

Die geschilderten Versuche von KADOW (1930), VERMEULEN (1940) und SLOT (1965) haben alle eines gemeinsam: Die Klangfarben der Instrumente wurden bei der elektroakustischen Wiedergabe dadurch verbessert, daß ihre charakteristischen Teiltonregionen betont und so in allen Fällen ein größerer Hörgenuß vermittelt wurde.

Der Stand der Technik im Jahre 1930 gestattete es noch nicht, die Versuchsergebnisse mit vertretbarem Aufwand anzuwenden. Heute

---

[1] In bezug auf die Bemerkung „größerer Raum" sei erwähnt, daß die beiden Räume des Berliner Schlosses, die KADOW von STUMPF für seine Experimente zur Verfügung gestellt worden waren, etwa die gleichen Abmessungen hatten.

erscheint es sinnvoll, die damaligen Erkenntnisse aufzugreifen und unter Ausnutzung der hochentwickelten Hi-Fi-Wiedergabetechnik elektroakustisch aufgenommene Klänge von Musikinstrumenten so zu verändern, daß sie nach Übertragung dem Hörer im Vergleich mit den zu übertragenden Instrumentalklängen als noch typischer bzw. noch wohlklingender erscheinen, denn es ist heute mit relativ geringem Aufwand möglich, auf dem Übertragungswege vom Mikrofon bis zum Lautsprecher bzw. Kopfhörer durch elektrische und elektromechanische Maßnahmen Ausschnitte aus dem übertragenen Frequenzband hinsichtlich der Intensität zu verändern.

Knüpft man an die oben beschriebenen Versuche von KADOW, VERMEULEN und SLOT an, so müßte also eine verstärkte Wiedergabe der Partialtöne der Instrumente in den von SCHUMANN angegebenen Formantstrecken[1] ebenfalls einen positiven Höreindruck vermitteln.
Einen Überblick über die Lage der Formantstrecken der Holzblasinstrumente vermittelt Bild 7 Seite 98.

In diesen Formantstrecken ist also eine Anhebung des Frequenzganges bei der elektroakustischen Übertragung vorzusehen, um Partialtöne, die in diese Bereiche fallen, bevorzugt zu verstärken.
Weil sich die Formantstrecken der einzelnen Instrumente teilweise überlappen, muß, bis die Auswirkungen und das Maß der Anhebung der Formantstrecken für die einzelnen Instrumente genügend breit untersucht worden sind, die Anhebung jeder Strecke einzeln und unabhängig einstellbar ausgebildet sein.

---

[1] E. SCHUMANN, a. a. O. 1929 S. 5.

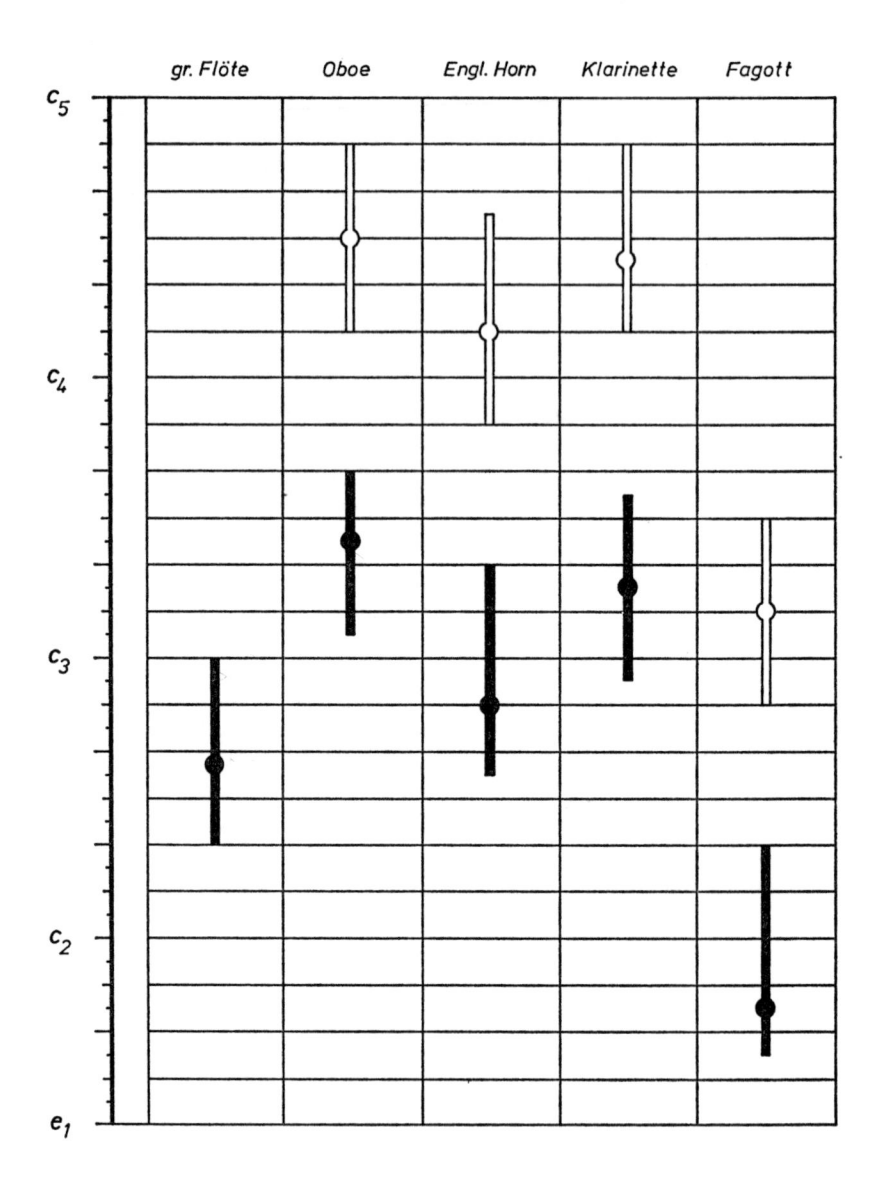

Bild 7. Die Formantstrecken der Holzblasinstrumente.

Die apparative Einrichtung

Beschreibung der Formantfilter

R. BÜCKLEIN[1] untersuchte die Hörbarkeit von Unregelmäßigkeiten in Frequenzgängen, hervorgerufen durch partielle Anhebungen („Höcker") und Absenkungen („Senken") im sonst linearen Frequenzgang einer Übertragungsstrecke. Einleitend diskutiert er die Möglichkeiten, definierte Unregelmäßigkeiten im Frequenzgang zu erzeugen und kommt zu dem Schluß, daß Höcker und Senken im Frequenzgang relativ einfach mit RC-Filter-Verstärkern erzeugt werden können.

Er benutzte für seine Versuche eine von H. DEROUAUX[2] entworfene und von S. LOHMANN[3] gebaute Filteranordnung, welche es gestattet, auf sonst geradlinigem Frequenzgang durch frequenzabhängige Gegenkopplung Höcker und Senken zu erzeugen. Diese Filterschaltung ist im Prinzip für die vorgesehenen Untersuchungen gut geeignet.

Für die Darstellung der Formantstrecken der Holzblasinstrumente werden mit Ausnahme der Flöte jeweils zwei „Höcker" benötigt. Dies läßt sich durch Parallelschalten entsprechender Filterstufen verwirklichen.

Heute werden selektive Filterschaltungen wie Hoch-, Tief- und Bandpässe bevorzugt als Aktivfilter mit Operationsverstärkern (Rechenverstärkern) aufgebaut. In der Literatur und in Applikationsberichten der Herstellerfirmen von Operationsverstärkern finden sich zahlreiche Schaltungsvorschläge, nach denen aktive RC-Netzwerke aufgebaut werden können. Aus der Vielzahl der Veröffentlichungen seien besonders die von U. TIETZE und CH. SCHENK[4]

---

[1] R. BÜCKLEIN, Hörbarkeit von Unregelmäßigkeiten in Frequenzgängen bei akustischer Übertragung. Dissertation T. H. München 1964 S. 6 ff.

[2] H. DEROUAUX, Entwurf eines Gerätes zur Erzeugung von 10 Höckern oder Senken veränderlicher Selektivität und Lage im Tonfrequenzbereich, Diplomarbeit T. H. Karlsruhe 1957.

[3] S. LOHMANN, Bau eines Gerätes zur Einstellung einer Frequenzkurve, die an 10 Stellen variable Einbrüche oder Überhöhungen hat, Diplomarbeit T. H. Karlsruhe 1958.

[4] U. TIETZE und CH. SCHENK, Halbleiter Schaltungstechnik, Berlin 1969 S. 205 ff., und CH. SCHENK, U. TIETZE, Aktive Filter, Elektronik 19(1970) S. 423.

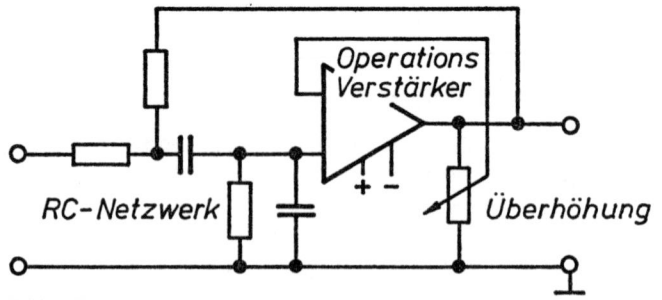

Bild 8. Filterschaltung nach BURR-BROWN.

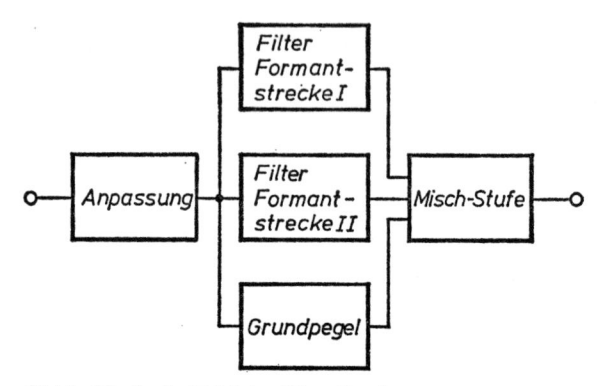

Bild 9. Blockschaltbild der Filter-Kombination.

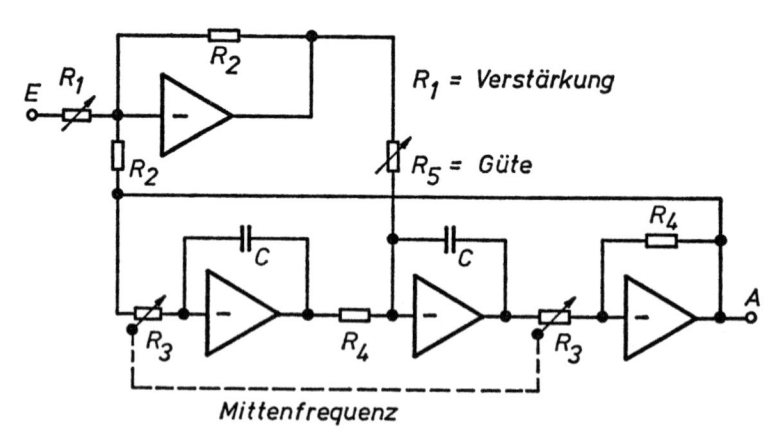

Bild 10. Formant-Filter nach SCHENK-TIETZE. Mittenfrequenz, Güte und Verstärkung sind unabhängig voneinander einstellbar.

100

Instrument	Frequenz [Hz]	Ton	Frequenz [Hz]	Ton
Fagott	464	b_1	1175	d_3
Flöte	836	gis_2	–	–
Engl.-Horn	985	h_2	2330	d_4
Klarinette	1247	dis_3	2783	f_4
Oboe	1400	f_3	2964	fis_4

Tabelle 33. Mittenfrequenzen der Formantfilterpaare (gemessen).

sowie G. DABROWSKI[1] und aus den Firmenschriften diejenige von BURR-BROWN[2] erwähnt. Auch beim Bau von elektronischen Musikinstrumenten wendet man seit längerer Zeit solche Filterschaltungen an. Verschiedene Autoren, wie zum Beispiel H. REICHARDT[3] bezeichnen sie schon als Formantfilter.

Diese Filterschaltungen sind volumenmäßig sehr klein[4]. Sie bestehen ausschließlich aus Widerständen, Kondensatoren und einem oder mehreren aktiven Elementen, den Operationsverstärkern, die heute nur noch die Größe eines Transistors haben. Mit solchen Schaltungen kann nahezu jede gewünschte Filterkurvenform realisiert werden.

Nach Vorversuchen mit sogenannten Brett-Schaltungen wurde ein erstes Filternetzwerk (Bild 8) mit einem Operationsverstärker aufgebaut. Die Messungen des Frequenzganges und die Hörversuche mit diesem Prototyp waren so ermutigend, daß anschließend zunächst für die beiden Formantstrecken der Oboe ein abstimmbares und in der Überhöhung jeder der beiden Formantbereiche unabhängig einstellbares Filter gebaut wurde (Bild 9). Nach entsprechenden Hörversuchen und Messungen wurde dann, auf den Erfahrungen mit dieser Filter-Kombination aufbauend, ein einziges regelbares Doppelfilter (Bild 10) für alle fünf Holzblasinstrumente benutzt, bei dem die Mittenfrequenzen (Tabelle 33) der verschiedenen Formantstrecken durch umschaltbare RC-Glieder einzustellen wa-

---

[1] G. DABROWSKI, Zusammengesetzte aktive Filter, Internationale Elektronische Rundschau 23(1969) H. 11 S. 287–292.
[2] BURR-BROWN, Research Corporation, Handbook of Operational Amplifier, Active RC Networks, Tucson 1966 S. 84–85.
[3] H. REICHARDT, Das elektronische Musikinstrument Philicorda, Funkschau 38(1966) H. 1 S. 21–23 u. H. 2 S. 55–58.
[4] Großvolumige Induktivitäten, wie in konventionellen passiven Filterschaltungen des Hörfrequenzbereiches erforderlich, werden für Aktivfilter nicht benötigt.

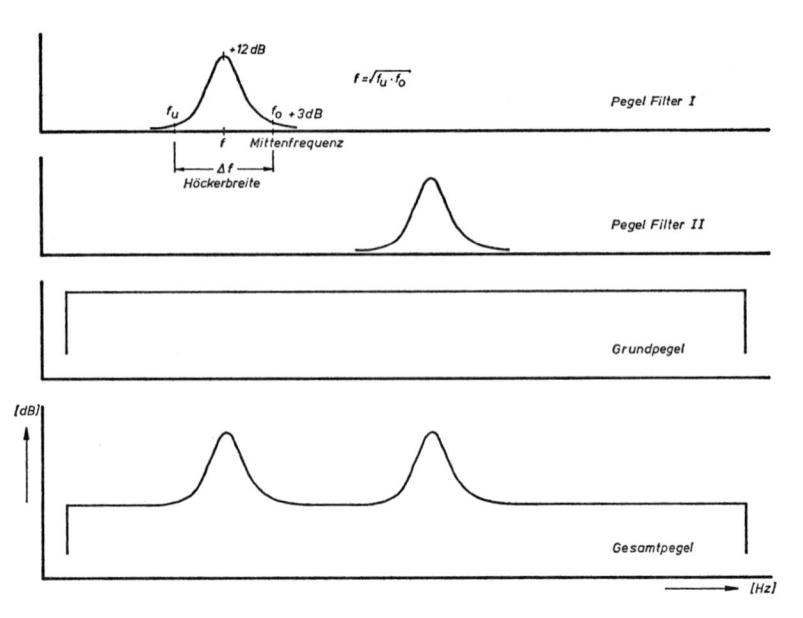

Bild 11. Schematisches Pegeldiagramm.

ren. Dieser Weg wurde beschritten, weil fest abgeglichene Filter eine größere Sicherheit im Hinblick auf die Reproduzierbarkeit der Messungen und Versuche gewährleisten. Auch BÜCKLEIN[1] entschied sich aus diesem Grunde für festeingestellte Mittenfrequenzen.

Die Bandbreite (3 dB) der Filter beträgt jeweils 2 Terzen.

Über die Wirkungsweise der Filter gibt ein schematisches Pegeldiagramm (Bild 11) Aufschluß. Die Addition der Filterpegel mit dem Grundpegel ergibt den Frequenzgang über den ganzen Hörbereich.

Die erforderliche Überhöhung der Formantstrecken

Obgleich die Versuche von BÜCKLEIN nicht darauf gerichtet waren, wie bei KADOW, SLOT und VERMEULEN Formanten zu verstärken, sondern definierte Unregelmäßigkeiten im Frequenzgang zu erzeugen, ohne dabei an eine Formantanhebung zu denken, vermitteln seine Ergebnisse Anhaltspunkte für die Größenordnung der notwendigen Anhebungen.

[1] R. BÜCKLEIN, a. a. O. S 30.

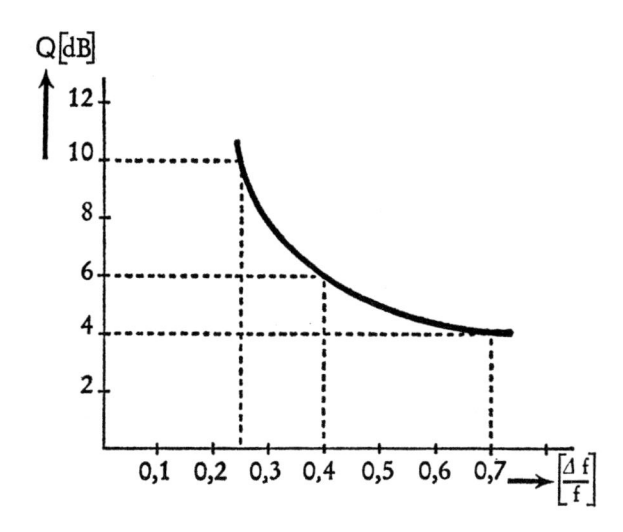

Bild 12. Kurve gleicher Wahrnehmbarkeit für Höcker verschiedener Höhe und Breite bei Sprache und Musik (nach BÜCKLEIN).

BÜCKLEIN führte umfangreiche Hörversuche mit 10 Versuchspersonen, deren Alter zwischen 16 und 31 Jahren lag, durch. Er benutzte als Testschall die verschiedensten Musikstücke, Sprache und Rauschen. Im einzelnen: Sprache (männlich und weiblich), Gesang (Tenor mit Orchesterbegleitung und Sopran mit Klavierbegleitung), Chorgesang, Geige, Cello, Klavier, Zupfinstrument, Flöte, Orgel, Jazz und Orchester.
Seine Versuchsapparatur ist mit der für diese Arbeit benutzten vergleichbar. Insofern können die von ihm bestimmten Werte für die Hörbarkeit von Höckern im sonst linearen Frequenzgang der Übertragungsstrecke als eben hörbare und beabsichtigte Werte für die Überhöhung bei den eigenen Versuchen zugrunde gelegt werden.

BÜCKLEIN faßte die Ergebnisse, soweit sie hier interessant sind, wie folgt zusammen: „Die Hörversuche zeigten, daß ein einzelner, 10 dB hoher Höcker, der in Form einer schmalen Resonanzkurve $\frac{\Delta f}{f} = 0{,}2\text{--}0{,}3$ auf einem sonst geradlinigen Frequenzgang aufsitzt, bei Musikübertragung in vielen Fällen von mehr als der Hälfte der Beobachter gehört wird, wobei einige Beobachter sogar noch nur

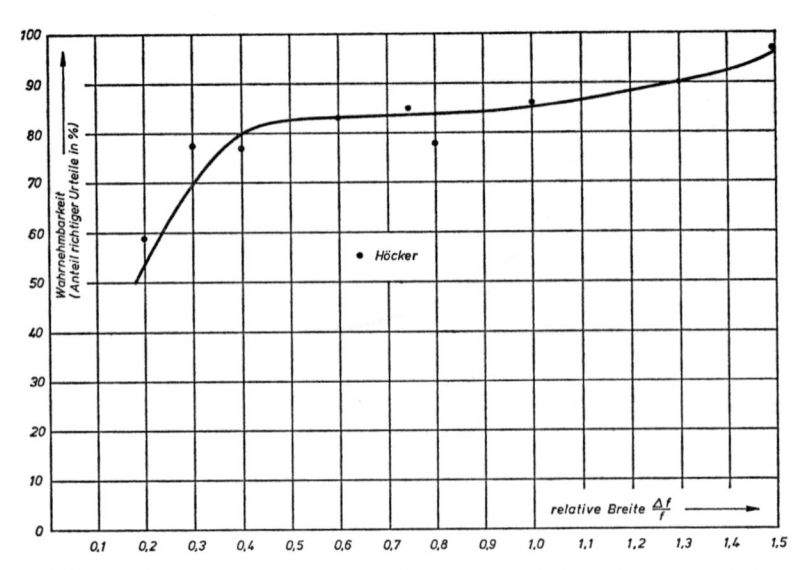

Bild 13. Mittelwerte der Wahrnehmbarkeit von Höckern konstanter Höhe und verschiedener relativer Breite (nach BÜCKLEIN).

5 dB hohe Höcker mit einer auf die Mittenfrequenz bezogenen Breite $\frac{\Delta f}{f} = 0{,}15$ hören. Senken in der Frequenzkurve werden dagegen wesentlich schwieriger erkannt." ... „Bei weißem Rauschen als Testschall können sowohl Höcker als auch Senken bedeutend besser erkannt werden als bei Sprache und Musik."[1]

Aus seinen Hörversuchen mit Sprache und Musik leitet BÜCKLEIN einen allgemeinen Zusammenhang[2] der Höckerhöhe Q, der relativen Höckerbreite $\frac{\Delta f}{f}$ und der Wahrnehmbarkeit in den Grenzen zwischen etwa 3 dB und 15 dB ab.

$$Q \cdot \frac{\Delta f}{f} = \text{konst.}$$

Im Mittel bemerkten 60 % der Beobachter einen 10 dB hohen Höcker mit einer relativen Höckerbreite von $\frac{\Delta f}{f} = 0{,}25$, einen 6 dB Höcker von $\frac{\Delta f}{f} = 0{,}4$ und einen 4 dB Höcker von $\frac{\Delta f}{f} = 0{,}7$ (Bild 12 Seite 103).

[1] R. BÜCKLEIN, a. a. O. S. 125.
[2] Ders., a. a. O. S. 90.

Die von SCHUMANN für die einzelnen Holzblasinstrumente angegebenen Formantbereiche erstrecken sich etwa über 2 große Terzen. Das entspricht einer relativen Höckerbreite $\frac{\Delta f}{f}$ von 0,47. Nach BÜCKLEIN müßten Höcker dieser Breite bei einer Höhe von ca. 5 dB wahrgenommen werden (vgl. Bild 12 Seite 103).
Außerdem leitet BÜCKLEIN aus seinen Hörversuchen mit natürlichen Klängen „in groben Zügen"[1] folgendes ab: Der Mittelwert der Wahrnehmbarkeit von 10-dB-Höckern steigt mit zunehmender relativer Höckerbreite $\frac{\Delta f}{f}$ von 0,2 bis 0,4 stark, dann aber nur noch wenig an (Bild 13)[2].
Nach diesen Ergebnissen empfiehlt es sich, für die Anhebung der ca. 2 Terzen breiten SCHUMANNschen Formantstrecken eine Überhöhung von 0 dB bis etwa 12 dB vorzusehen, um sowohl eine Einstellung unter als auch deutlich über dem Mittelwert der Wahrnehmbarkeit BÜCKLEINs zu ermöglichen.
Zur Abschätzung der Größenordnung der erforderlichen Überhöhung der Formantstrecken wurden noch die Ergebnisse einschlägiger Arbeiten von S. NAHRGANG[3] und E. LÖB[4] herangezogen.
Beide untersuchten unter anderem auch die Wirkung von Änderungen der Schalldruckamplituden einzelner Teiltöne auf die subjektive Klangfarbenempfindung. Sie benutzten eine Apparatur zur Klangsynthese aus 8 harmonischen Teiltönen und fanden, daß man, um eine Klangfarbenänderung eben zu bemerken, die Amplituden der höheren Teiltöne je nach deren Stärke um 10% bis 30%, entsprechend 0,8 dB bis 2,3 dB ändern muß, wenn der Schalldruck eines Teiltones stetig (bis zur Wahrnehmung der Änderung) variiert wird.
LÖB untersuchte darüber hinaus, unter welchen Bedingungen es gelingt, eine Klangfarbe zurückzugewinnen, wenn die Schallquelle einige Sekunden abgeschaltet wird. Er stellte fest, daß der Schalldruck der höheren Teiltöne nach einer Schaltpause von etwa 3 bis 5 Sekunden teilweise über 100% (entsprechend 6 dB) geändert werden konnte, ohne daß sich die Klangfarbenempfindung dabei merklich änderte.

---

[1] R. BÜCKLEIN, a. a. O. S. 91.
[2] Ders., a. a. O. S. 92.
[3] S. NAHRGANG, Beobachtungen und Messungen an einem neuen Gerät zur Klangsynthese, Akustische Zs. 3(1938) S. 284–301.
[4] E. LÖB, Über die subjektive Wirkung von Klangfarbenänderungen, Akustische Zs. 6(1941) S. 279–294.

Daraus resultierend wurde das endgültig benutzte Formantfilter so ausgelegt, daß es möglich war, den linearen Frequenzgang in den Bereichen der Formantstrecken durch selektive Verstärkung anzuheben, derart, daß die Mittenfrequenzen stufenweise bis zu 12 dB überhöht werden konnten. Die entsprechende prozentuale Überhöhung der Mittenfrequenzen ist in der nachfolgenden Tabelle 34 auf Grund der Definition dB = 20 log U_2/U_1 zusammengestellt.

Verstärkung I dB I	Überhöhung I % I	Verstärkung I dB I	Überhöhung I % I
1	12	7	124
2	26	8	151
3	41	9	182
4	59	10	216
5	78	11	255
6	100	12	298

Tabelle 34. Überhöhung der Teiltonamplitude in % der Normalamplitude.

Teiltöne aus Instrumentalklängen, welche in diese Formantstrecken fallen, werden entsprechend der eingestellten Überhöhung der Filter verstärkt.

Güte und Verstärkung sind – für jedes Einzel-Filter (des Filterpaares) unabhängig von der Formant-Mittenfrequenz einstellbar, damit die Höckerbreite (Basisbreite bei + 3 dB) bei veränderter Überhöhung nicht beeinflußt wird.

Die Verstärkung bzw. Dämpfung des Filters kann dabei so geregelt werden, daß die Gesamtlautheit der Übertragung – gemessen mit dem Hewlett-Packard-Lautheitanalaysator 8051 A – bei ein und ausgeschaltetem Filter gleich ist.

Bilder 14.1 bis 14.9 zeigen Kurvenscharen, wie sie sich beispielsweise einstellen lassen, ausgenommen Bild 14.6 Seite 108, welches den Frequenzgang der Überspieleinrichtung zeigt.

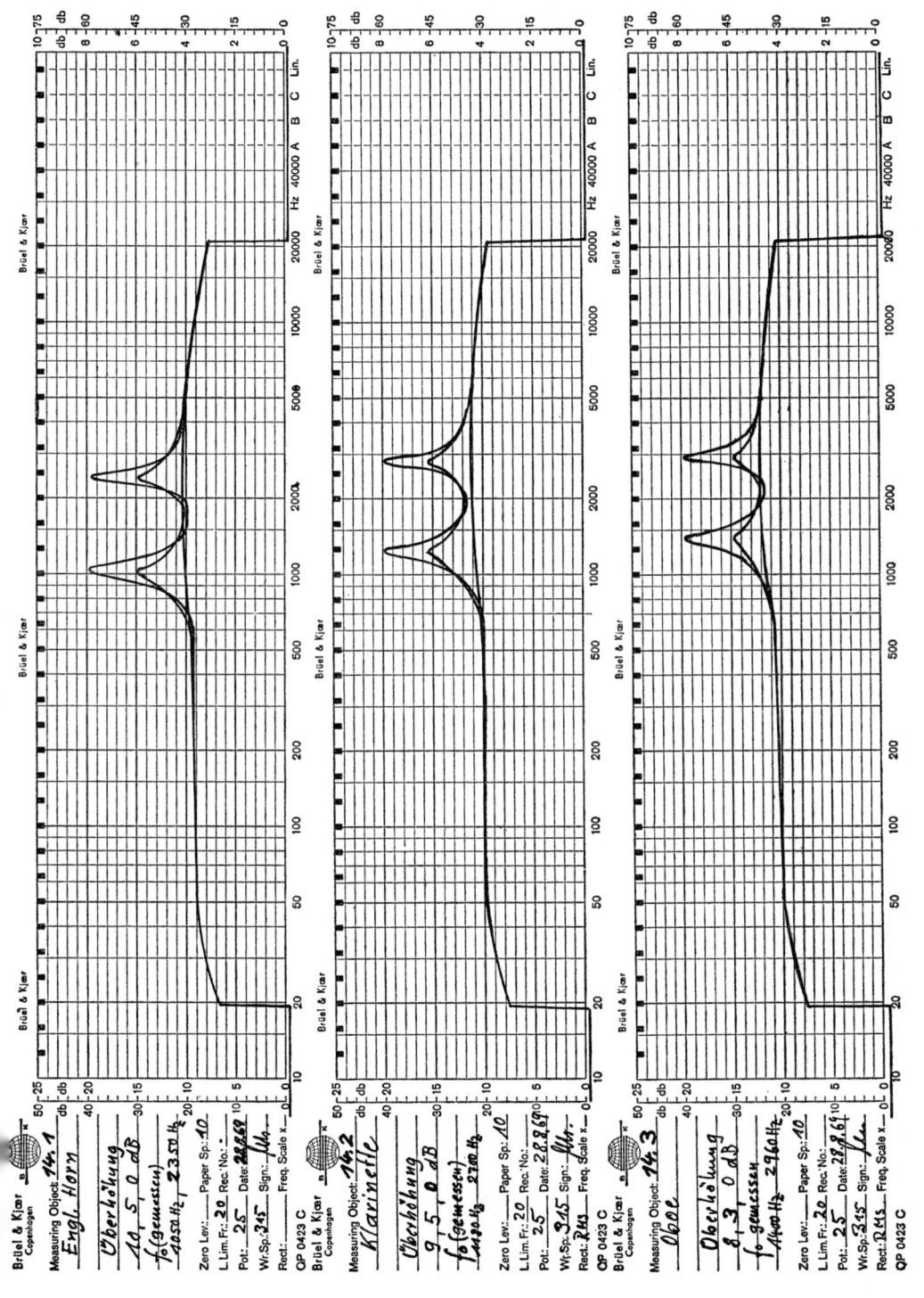

Bilder 14.1 bis 14.3. Pegeldiagramme der Filter-Kombination.

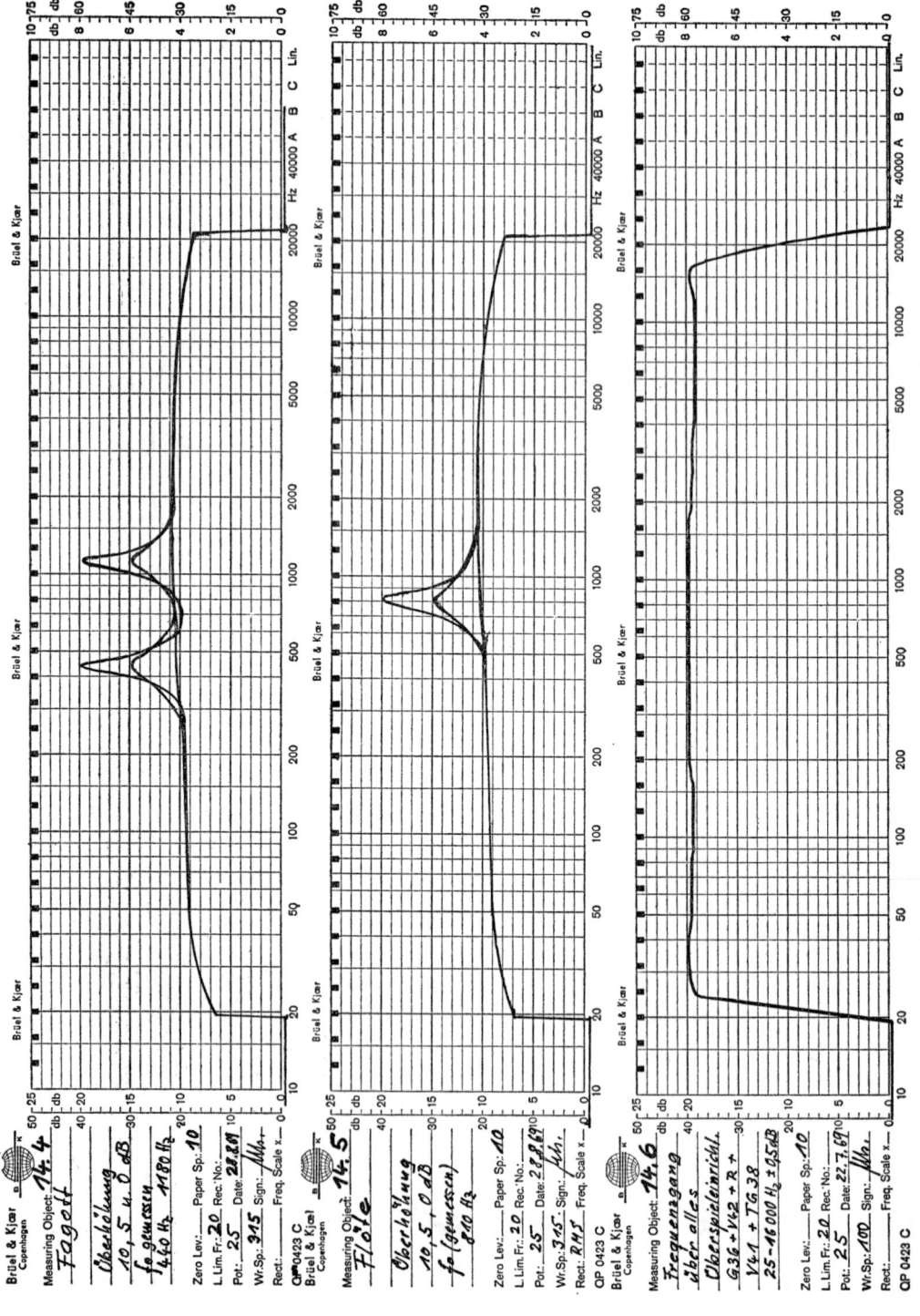

Bilder 14.4 u. 14.5. Pegeldiagramme der Filter-Kombination.
Bild 14.6. Pegeldiagramm der Überspieleinrichtung.

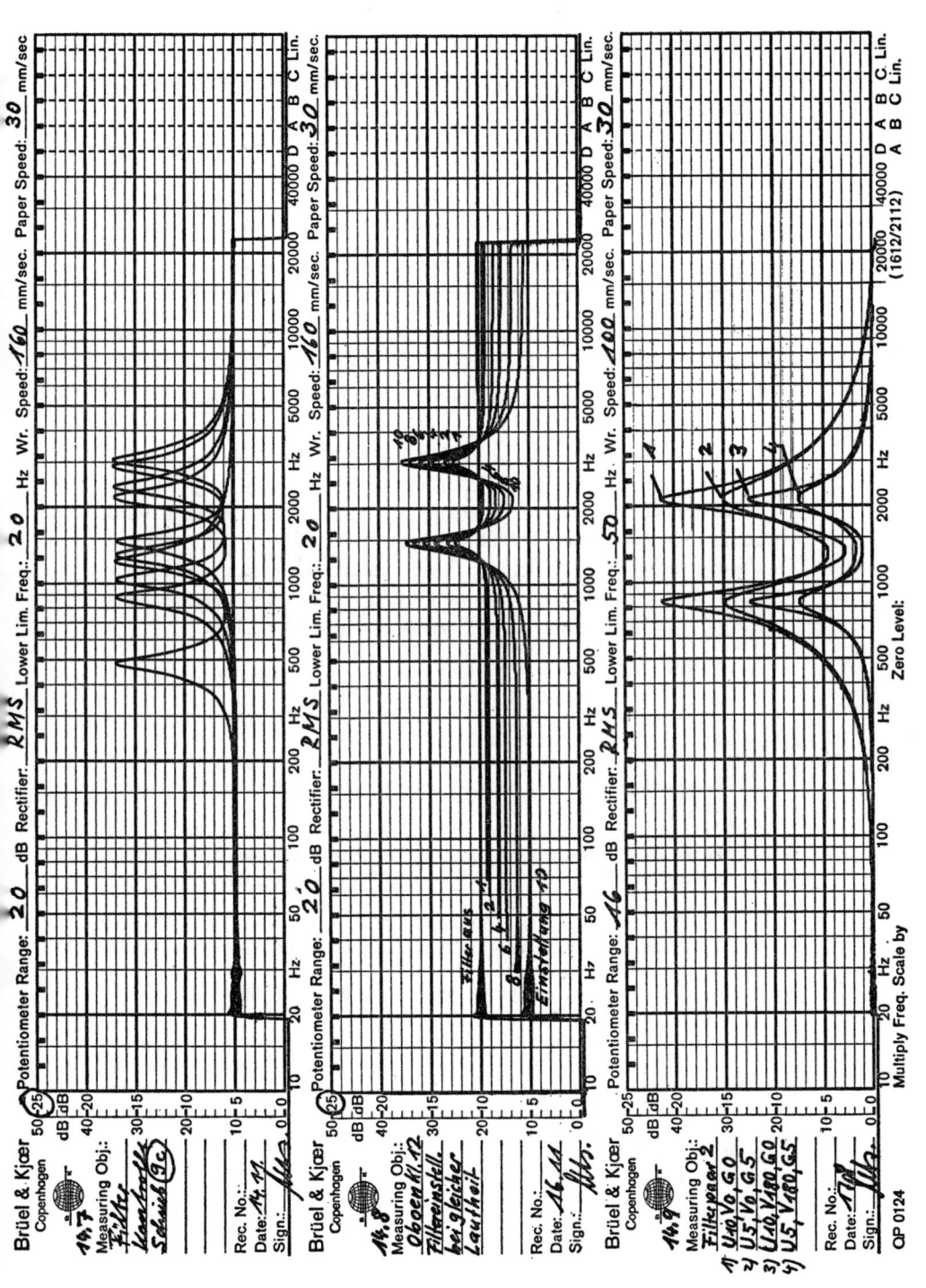

Bild 14.7 bis 14.9 Pegeldiagramme der Filter-Kombination.

Die Übertragungseigenschaften

Die Übertragungseigenschaften der Formant-Filter-Kombination (Tabelle 35) entsprechen hinsichtlich der zulässigen nichtlinearen Verzerrungen[1...9] den allgemein bekannten Gütekriterien.

Eingangsspannung Formant-Filter	Grundwelle 1000 Hz	1.Oberwelle 2000 Hz	2.Oberwelle 3000 Hz	3.Oberwelle 4000 Hz	4.Oberwelle 5000 Hz	Gesamt Klirrfaktor
120 mV	0 dB	−70 dB	−59 dB	−80 dB	−	0,1 %
1000 mV	0 dB	−53 dB	−45 dB	−65 dB	−75 dB	0,6 %
1200 mV	0 dB	−48 dB	−42 dB	−65 dB	−33 dB	0,9 %

Tabelle 35. Übertragungseigenschaften der Formant-Filter-Kombination.

Die neueren Ergebnisse von FELDTKELLER, OLSON und SLOT zeigen, daß in besonderen Fällen ein Klirrfaktor von 0,1 % − 0,6 % zwar hörbar ist, für die Übertragung musikalischer Klänge wird übereinstimmend das Nichtüberschreiten der 1 % Klirrfaktorgrenze als ausreichend angenommen. Die Eingangsspannung der Formant-Filter-Kombination betrug bei den Hörversuchen 100 mV, der entsprechende Gesamtklirrfaktor[10] war also kleiner als 0,1 %.

[1] W. JANOWSKY, Über die Hörbarkeit von Verzerrungen, Elektrische Nachrichten-Technik 6(1929) H. 11 S. 421−439.
[2] H. v. BRAUNMÜHL und W. WEBER, Über die Störfähigkeit nichtlinearer Verzerrungen, Akustische Zs. 2(1937) S. 135−147.
[3] W. WEITBRECHT, Über den Einfluß nichtlinearer Verzerrungen auf die Hörbarkeit von Verstimmungen musikalischer Intervalle, Fernmeldetechnische Zs. 3(1950) H. 9 S. 336−345.
[4] G. HAAR, Die Störfähigkeit quadratischer und kubischer Verzerrungen bei der Übertragung von Musik, Frequenz 6(1952) Nr. 7 S. 199−206.
[5] H. SCHIESSER, Beurteilung nichtlinearer Verzerrungen, RTI-Mitteilungen (1951) H. 8 S. 20.
[6] R. FELDTKELLER, a. a. O. 1952 S. 117−124.
[7] Ders., Hörbarkeit nichtlinearer Verzerrungen bei der Übertragung von Instrumentalklängen, Acustica 4(1954) S. 70−72.
[8] H. OLSON, Acoustical Engineering, New York 1957, S. 595−598.
[9] G. SLOT, a. a. O. S. 49.
[10] Der Gesamtklirrfaktor, ein Maß für die nichtlinearen Verzerrungen einer Übertragungsstrecke, ist definiert als Verhältnis der Summe der effektiven Spannungen der Oberwellen zur Summe der effektiven Spannungen der Grund- und Oberwellen:

$$K = \sqrt{\frac{U_2^2 + U_3^2 + \cdots U_n^2}{U_1^2 + U_2^2 + U_3^2 + \cdots U_n^2}}$$

Die Aufnahme der Instrumentalklänge

Die Instrumentalklänge für die ersten orientierenden Versuche mit der Formant-Filter-Kombination wurden von einer Schallplatte[1], auf der die Orchesterinstrumente einzeln vorgestellt werden, auf Tonband überspielt. Auf dieser Schallplatte werden die Streichinstrumente: Violine, Viola, Violoncello, Kontrabaß, die Holzblasinstrumente: Flöte, Pikkoloflöte, Klarinette, Baßklarinette, Oboe, Englischhorn, Fagott und Kontrafagott, sowie die Blechblasinstrumente, die Harfe und Schlaginstrumente von namhaften Solisten gespielt, in ihrem Tonumfang und an charakteristischen Passagen vorgestellt. Für die weiteren Versuche wurden dann eigene Bandaufnahmen von den Klängen der Holzblasinstrumente: Flöte, Oboe, Klarinette, Englischhorn und Fagott angefertigt.

Die Aufnahmen erfolgten im großen Übungssaal des Stabsmusikkorps der Bundeswehr in Siegburg[2] mit einem Sennheiser-Kondensator-Mikrofon MKH 104 (mit Kugelcharakteristik) und einem Revox-Bandgerät G 36. Der Abstand der Instrumentenschallöffnung vom Mikrofon betrug 1,25 m ± 0,25 m. Verwendet wurde Braun Low-noise-hi-fi-Tonband 535 (BASF). Aufgenommen wurden nach einer gewissen Einspielzeit Spielfiguren (Arpeggien), kleine, typische Musikstücke bzw. Passagen und Einzeltöne, möglichst 2-3 sec gehalten, in den vier dynamischen Stufen p, mf, f, ff (piano, mezzoforte, forte, fortissimo).

Die Einflüsse des Aufnahmeraumes wurden weitgehend durch die Bedämpfung der Fenster- und Wandflächen mit Vorhängen zurückgedrängt. Im übrigen war im Hinblick auf das Versuchsziel nicht daran gedacht, „sterile" Instrumentenaufnahmen im schalltoten Raum herzustellen. Die Aufnahmen sollten Instrumentalklänge wiedergeben, wie sie von Orchestermusikern täglich gehört werden.

---

[1] Schallplatte J 088, Deutscher Schallplattenklub, Aufnahme Electrola, Yehudi Menuhin erklärt die Instrumente des Orchesters.
[2] Die Aufnahmen mit Solisten des Stabsmusikkorps der Bundeswehr im Bundeswehrwachbataillon Siegburg konnten dank dem freundlichen Entgegenkommen von Oberstleutnant Scholz gemacht werden.

Die Anfertigung der Bandschleifen

Die Aufnahme der Einzeltöne, Tonleitern und Melodien der fünf Holzblasinstrumente wurden anschließend über Studioverstärker und Lautsprecher abgehört und von den geeigneten Tönen (Klängen) der vier dynamischen Stufen durch Überspielen auf ein Studiotonbandgerät Telefunken T 8 mit einer Bandgeschwindigkeit von 76 cm/s Bandschleifen (mit einer Laufzeit von 1 s) hergestellt.
Der Frequenzgang der Überspieleinrichtung betrug 25 – 16 000 Hz ± 0,5 dB[1]. Alle Überspielungen wurden mit Hilfe eines Lichtzeigeraussteuerungsmessers möglichst gleichmäßig ausgesteuert.
Von den ausgewählten Klängen der Holzblasinstrumente wurden außerdem Teiltonanalysen nach dem Suchtonverfahren hergestellt. Die Aufnahme und Registrierung der Teiltonspektren erfolgte mit einem Rhode & Schwarz Tonfrequenzanalysator FTA bei einer Bandbreite von 40 Hz in Verbindung mit einem Höfler-Kompensations-Linienschreiber HKS bei einem Vorschub von 40 Hz/mm, die der Fagott-Klänge jedoch wegen der relativen Dichte der Teiltöne mit doppeltem Vorschub, also 20 Hz/mm.

Die Hörversuche

Es sollten Instrumentalklänge verglichen werden, die in Grundfrequenz (Grundton) und Lautheit übereinstimmten, sich jedoch im Amplitudenwert der Teiltöne in den SCHUMANNschen Formantstrecken unterschieden.
Zu diesem Zweck wurden ausgewählte Instrumental-Einzelklänge, Tonleitern und Melodien (Passagen), deren Aufnahmen und Überspielung auf Bandschleifen schon beschrieben worden ist, mehreren Versuchspersonen im Musikwissenschaftlichen Institut der Universität Köln über die Formant-Filter-Kombination zu Gehör gebracht.
Die Sekunden-Bandschleifen mit den Einzelklängen wurden zu diesem Zweck aufgeschnitten und mit einem Stück Leerband, durch dessen Länge jede gewünschte Pause zwischen der Wiederholung des Klanges erreicht werden konnte, wieder verbunden. In diesem Falle wurden 15,2 cm Leerband, entsprechend 0,2 sec Pause, eingefügt. In den so gewonnenen Pausen bei der Wiedergabe konnte

[1] vgl. Pegeldiagramm Bild 14.6 S. 108.

die Überhöhung der einzelnen Formantintervall-Höcker geändert oder auch zwischen formantbetontem bzw. linearem Durchgang umgeschaltet werden.

Die Wiedergabe erfolgte vom Studiobandgerät Telefunken T 8 mit einer Bandgeschwindigkeit von 76 cm/s über die Formant-Filter-Kombination, einen Verstärker Revox A 50 und eine Braun Lautsprecher-Kombination L 600.

Die ausgewählten Klänge der Flöte, Oboe, Klarinette, des Fagottes und Englischhornes wurden auf diese Weise den Versuchspersonen vorgespielt und durch Ändern der Überhöhung der Formantintervall-Höcker der Klangeindruck so lange geändert, bis durch immer weiteres Einengen diejenige Einstellung (Überhöhung) gefunden war, bei der der optimale Klangeindruck des betreffenden Instrumentes empfunden wurde. Die Umschalteinrichtung wurde auch von den Versuchspersonen bedient, so daß der Versuchsleiter selbst sich ein Urteil bilden konnte.

Den Versuchspersonen war es möglich, sich relativ schnell an die optimale Klangschwelle heranzuhören, indem die Hörer ein entsprechendes Handzeichen gaben. Auch war es möglich, diesen kleinen Kreis ohne große Formalitäten mehrfach zur Wiederholung der Hörversuche zu bitten.

Einhellig bemerkten alle Versuchspersonen, daß die Klangfarbe der gehörten Instrumente in der gefundenen optimalen Überhöhung „voller", „intensiver", „charakteristischer" und „schöner" war. Diese Urteile wurden bei Klarinetten- und Oboenklängen bei einer Überhöhung von 5 dB, bei der Flöte von 6 dB, beim Englischhorn und Fagott schon bei 4 dB abgegeben.

Bei einer Steigerung der Überhöhung über die angegebenen Werte hinaus wurden diese Klänge zunächst in leicht schriller Färbung gehört, der positive Eindruck trat danach immer mehr zurück, bis sie schließlich bei einer Überhöhung von 10 dB ausnahmslos schlechter als die unverändert übertragenen Klänge beurteilt wurden mit Prädikaten wie „schrill", „unwirklich" und „rauh".

Vorbehaltlich weiterer systematischer Versuche mit einer größeren Anzahl ausgewählter Versuchspersonen kann schon jetzt gesagt werden, daß es möglich ist, unter Ausnutzung der SCHUMANNschen Gesetze die Klangfarben bei elektroakustischer Übertragung positiv zu beeinflussen.

In weiteren Versuchen wäre z. B. der Schwellenwert zu bestimmen, bei dem eine positive Beurteilung der Klangfarbe der Instrumente einsetzt, sowie zu ermitteln, bei welchem Wert der Überhöhung der Klang am charakteristischsten empfunden wird. Diese Werte zu kennen ist im Hinblick auf die elektroakustischen Notwendigkeiten von Bedeutung, denn eine Überhöhung der Formantintervalle kann wegen der damit verbundenen linearen Verzerrungen nicht beliebig erfolgen.

Es ist auch denkbar, daß interessante Aufschlüsse aus Versuchen mit unterschiedlichen Überhöhungen in den Formantstrecken I und II gewonnen werden könnten, denn SCHUMANN stellte eine unterschiedliche Bedeutung der Stärke der Partialtöne in den einzelnen Formantstrecken für den Klangfarbeneindruck fest.

Zum Beispiel sind für den charakteristischen Fagottklang relativ starke Teiltöne in beiden Formantstrecken erforderlich[1], dasselbe gilt für das Englischhorn[2], während für die Oboe die stärkste färbende Kraft von den Teiltönen in Formantstrecke I ausgeht, wenngleich auf die Mitwirkung der Teiltöne in Formantstrecke II nicht verzichtet werden kann[3].

Diese subjektiven Vergleichsversuche zur Bestimmung der den Änderungen der Instrumentalklängen entsprechenden Reizschwellen mit psycho-physikalischen Methoden kann sinnvoll nur unter Mitwirkung eines in der Psycho-Physik erfahrenen Psychologen erfolgen, ebenso wie die Entwicklung und der Bau optimaler Übertragungsgeräte durch erfahrene Elektroniker und unter Beratung von Elektroakustikern erfolgen sollte.

---

[1] E. SCHUMANN, a. a. O. 1929 S. 190.
[2] Ders., a. a. O. 1929 S. 110.
[3] Ders., a. a. O. 1929 S. 46.

Zusammenfassung

Der erste Teil dieser Arbeit behandelt die Attribute des Tones und Klanges, ferner die Methoden der Klanganalyse und die Klangsynthese.
Im zweiten Teil werden die Ergebnisse der STUMPFschen Untersuchung zur Struktur der Vokale, die SCHUMANNschen Untersuchungen über die Instrumentalklänge sowie neuerer Erkenntnisse zur Klangfarbenlehre besprochen. Insbesondere werden die vier SCHUMANNschen Klangfarbengesetze, durch die die HELMHOLTZsche Relativtheorie widerlegt wurde, an Hand seines umfangreichen Untersuchungsmaterials detailliert erläutert und begründet.
Der dritte Teil behandelt die sich aus den SCHUMANNschen Klangfarbengesetzen ergebenden Konsequenzen, insbesondere die auf die Anhebung der Formantstrecken gerichteten Versuche.
Die Anhebung der in den Formantstrecken gelegenen Partialtöne wurde im Laboratoriumsaufbau mittels bekannter aktiver RC-Filter, eingefügt in den Übertragungsweg, verwirklicht, wobei die Breite der einzelnen Formantstrecken unabhängig vom Verstärkungsgrad der Teiltöne innerhalb dieser Strecke erhalten blieb. Anfängliche Schwierigkeiten, die insbesondere die Konstanthaltung der Breite der Formantstrecken bei verschiedenen Intensitäten des Klanges betrafen, konnten überwunden werden.
Die dargebotenen reproduzierten Klänge ohne Formantanhebung heben sich von denen mit Formantanhebung deutlich ab, wobei von den Versuchspersonen über die durch Formantanhebung veränderten Klänge Urteile wie „voller", „charakteristischer" und „schöner" abgegeben wurden. Es kamen nur Klänge zur Anwendung, deren Grundtöne mindestens eine Oktave unterhalb der unteren Formantstrecke liegen.
Die Ergebnisse dieser überschlägigen Experimente lassen den Schluß zu, daß es sinnvoll und notwendig ist, modifizierte elektro-

akustische Übertragungsgeräte – wie beschrieben – zu benutzen, wenn die den Farbänderungen von (auf einer möglichst großen Anzahl von Grundtönen intonierten) Instrumentalklängen entsprechenden Reizschwellen mit psychophysikalischen Methoden und damit die optimalen Bedingungen für die Übertragung der Instrumentalklänge festgestellt worden sind.

Welche Anwendungsbreite sich als Konsequenz der SCHUMANNschen Gesetze darüber hinaus ergibt, machen die Hinweise auf eine elektronische Orgel, auf den Einbau von elektroakustischen Klangveränderern in Streichinstrumenten sowie auf Verfahrenspatente zur besseren Übertragung und Wiedergabe von Sprache und Musik bei Rundfunk und Schallplatte deutlich[1].

---

[1] Vergleiche dazu insbesondere die mir nach Abschluß der Arbeit bekanntgewordenen deutschen Patent-Offenlegungsschriften Nr. 2 041 396 vom 24. 2. 1972, Elektrische Verstärkervorrichtung und Nr. 2 041 429 vom 23. 3. 1972, Elektroakustische Übertragungsvorrichtung. Danach findet nach Anhebung der Partialtöne in den Formantstrecken im Verstärker- oder/und Lautsprecherbereich eine Aufteilung auf mehrere Vorrichtungen z. B. derart statt, daß die charakteristischen Klänge der unterschiedlichen Orchesterinstrumente nach Gruppen (z. B. Streich-, Holzblas- und Blechblasinstrumente) aufgeteilt zur Abstrahlung gelangen.

Literaturverzeichnis

ALBERSHEIM, G.
  Zur Psychologie der Ton- und Klangeigenschaften
  Straßburg 1939, zit. S. 7
ASCHOFF, V.
  Experimentelle Untersuchungen an einer Klarinette
  Akustische Zs. 1(1936), zit. S. 75
AUERBACH, F.
  Akustik
  Winkelmanns Handbuch der Physik, 2. Aufl. Leipzig 1909 Bd. 2,
  zit. S. 14
BACKHAUS, H.
  Elementare Schwingungslehre
  im Handbuch der Physik, Hrsg. H. GEIGER u. K. SCHEEL
  Bd. 8 Akustik, Berlin 1927, zit. S. 20
  Über Resonanzeigenschaften von Streichinstrumenten
  Akustische Zs. 1(1936), zit. S. 75
BACKUS, J.
  Resonance Frequencies of the Clarinet
  JASA (Journ. Acoust. Soc. Am.) 43(1968), zit. S. 77
  The Acoustical Foundations of Music
  New York 1969, zit. S. 76
BÉKÉSY, G. v.
  Die Theorie der Schwebungen
  Physikalische Zs. 30(1929), zit. S. 16
BENADE, A. H.
  On Woodwind Instrument Bores
  JASA 31(1959), zit. S. 77
BOER, E. de
  On the Residue in Hearing

Diss. Amsterdam 1956, zit. S. 6
BRAUNMÜHL, H. J. v. u. WEBER, W.
Über die Störfähigkeit nichtlinearer Verzerrungen
Akustische Zs. 2(1937), zit. S. 110
BREH, K.
Wie naturgetreu ist High-Fidelity?
Funkschau 38(1966), zit. S. 90
BÜCKLEIN, R.
Hörbarkeit von Unregelmäßigkeiten in Frequenzgängen bei akustischer Übertragung
Diss. T.H. München 1964, zit. S. 99, 102, 104, 105
BURR-BROWN
Handbook of Operational Amplifier, Active RC Networks
Firmenschrift, Tucson 1966, zit. S. 101
DABROWSKI, G.
Zusammengesetzte aktive Filter
Internationale Elektronische Rundschau 23(1969), zit. S. 101
DEROUAUX, H.
Entwurf eines Gerätes zur Erzeugung von 10 Höckern oder Senken veränderlicher Selektivität und Lage im Tonfrequenzbereich
Diplomarbeit T.H. Karlsruhe 1957, zit. S. 99
FELDTKELLER, R.
Die Hörbarkeit nichtlinearer Verzerrungen bei der Übertragung musikalischer Zweiklänge
Acustica 2(1952), Akustische Beihefte H. 3, zit. S. 90, 110
Hörbarkeit nichtlinearer Verzerrungen bei der Übertragung von Instrumentalklängen
Acustica 4(1954), zit. S. 110
FRANSSEN, N. V.
The Mechanism of the Human Voice and Wind Instruments
4. Intern. Congress on Acoustics, Kopenhagen 1962, Ref. G 12, zit. S. 77
FRICKE, J. P.
Über subjektive Differenztöne höchster hörbarer Töne und des angrenzenden Ultraschalls im musikalischen Hören
Diss. Köln 1960, Kölner Beitr. z. Musikforschung, Bd. 16, Regensburg 1960, zit. S. 8
Die Innenstimmung der Naturtonreihe und der Klänge
in: Festschrift zum 60. Geburtstag K. G. FELLERER, Hrsg. H. HÜSCHEN, Regensburg 1962, zit. S. 5 u. 6

Klangeigenschaften von Clarinen der Cappella Coloniensis
in: Festschrift H. HÜSCHEN z. 50. Geburtstag, Beitr. z. Rhein. Musikgeschichte, Hrsg. U. BÄCKER, Köln 1965, zit. S. 74
Intonation und musikalisches Hören
Hab.-Schr. Köln 1968 mschr., zit. S. 7
Formantbildung in musikalischen Klängen
Antrittsvorlesung Universität Köln 1969 mschr., gekürzter Abdruck in: Fernseh- und Kinotechnik 27(1973), zit. S. 71, 78
Genormte Lautheit und die Lautheitsempfindung dynamischer Grade
Preprint Tagung der Audio Engineering Society Central Europe Section, Köln 1971, zit. S. 88
Aussteuerung und die Lautheitsempfindung dynamischer Grade
Fernseh- und Kinotechnik 26(1972), zit. S. 88
Klangbreite und Tonempfindung
Vortrag, Tagung d. Görresgesellschaft in Würzburg 1973, Schriftenreihe der Karajan-Stiftung Bd. 3, zit. S. 7
Formantbildende Impulsfolgen bei Blasinstrumenten
in: Fortschritte der Akustik, Plenarvorträge und Kurzreferate der 4. Tagung der Deutschen Arbeitsgemeinschaft für Akustik
DAGA '75 Braunschweig, Weinheim 1975, zit. S. 71, 79

GARTEN, S.
Beiträge zur Vokallehre
Abh. d. Sächs. Akad. d. Wissensch. math.-phys. Kl. 38(1921) Nr. 7, 8, 9 (mit F. KLEINKNECHT), zit. S. 13, 22

GINNIS, C. S. Mc., HAWKINS, H. and SHER, N.
An Experimental Study of the Tone Quality of the Boehm Clarinet
JASA 14(1943), zit. S. 76

GOSSLICH, S.
Musik im Rundfunk
Tutzing 1971, zit. S. 91

HAAR, G.
Die Störfähigkeit quadratischer und kubischer Verzerrungen bei der Übertragung von Musik
Frequenz 6(1952), zit. S. 110

HAARIS, G. G.
What is Psychoacoustics?
Journal of the Audio Engineering Society 9(1961), zi.t S. 6

HELMHOLTZ, H. v.
Die Lehre von den Tonempfindungen

5. Aufl. Braunschweig 1896, zit. S. 1
Wissenschaftliche Abhandlungen
Leipzig 1882–95 Bd. 1, zit. S. 1
HERMANN, L.
Phonophotographische Untersuchungen
(Pflügers) Archiv f. d. ges. Physiologie 45(1889) bis 150(1913), besonders 47(1890), zit. S. 17
HORNBOSTEL, E. M. v.
Psychologie der Gehörserscheinungen
Handb. d. norm. u. pathol. Physiologie, Hrsg. A. BETHE u. a.
Berlin 1926 Bd. 11, zit. S. 4
JAENSCH, E. R.
Die Natur der menschlichen Sprachlaute
Zs. f. Psychologie u. Physiologie d. Sinnesorgane, II. Abt.
Zs. f. Sinnesphysiologie 47(1913), zit. S. 3
Untersuchungen zur Tonpsychologie
6. Kongr. f. exp. Psychologie 1914, zit. S. 4
JAENSCH, E. R. u. ROTHE, G.
Die psychologische Akustik der Sprachlaute in ihrer Bedeutung zu Fragestellungen der Wissenschaften von der Sprache
Zs. f. Psychologie u. Physiologie d. Sinnesorgane I. Abt. Zs. f. Psychologie 97(1925), zit. S. 4
JANOVSKY, W.
Über die Hörbarkeit von Verzerrungen
Diss. T. H. Dresden 1928 u. Elektrische Nachrichten-Technik 6 (1929), zit. S. 110
JOST, E.
Akustische und psychometrische Untersuchungen an Klarinettenklängen
Veröffentl. d. Staatl. Inst. f. Musikforschung Berlin, Preuß. Kulturbesitz, Bd. 1, Köln 1967, zit. S. 77
KADOW, J.
Vortrags-Ms. 1930, unveröffentlicht, zit. S. 92
KOEHLER, W.
Akustische Untersuchungen I
Zs. f. Psychologie u. Physiologie der Sinnesorgane, I. Abt.
Zs. f. Psychologie 54(1910) u. in Beitr. z. Akust. u. Musikwiss.
H. 4, Leipzig 1909
Akustische Untersuchungen II
Zs. f. Psychologie 58(1911) u. in Beitr. z. Akust. u. Musikwiss.

H. 6, Leipzig 1911
Akustische Untersuchungen III und IV (vorläufige Mitteilung)
Zs. f. Psychologie 64(1913)
Akustische Untersuchungen III
Zs. f. Psychologie 72(1915), zit. S. 2, 22
Psychologische Beiträge zur Phonetik
(Katzensteins) Archiv f. exp. u. klin. Phonetik 1(1913), zit. S. 3
Tonpsychologie
im Handb. d. Neurologie d. Ohres, Hrsg. G. ALEXANDER u. O. MARBURG, Berlin 1924 Bd. 1, zit. S. 3

KOENIG, M. R.
Quelques expériences d'acoustique
Paris 1882, zit. S. 3

KWIEK, M.
Über Lautstärke und Lautheit
Akustische Zs. 2(1937), zit. S. 89

LEHMAN, P. R.
The Harmonic Structure of the Tone of the Bassoon
Diss. Michigan 1962 (masch.-schr.), zit. S. 79
Harmonic Structure of the Tone of the Bassoon
JASA 36(1964), zit. S. 79

LEWIN, K.
Über den Einfluß von Interferenzröhren auf die Intensität obertonfreier Töne
Psychologische Forschung 2(1922), zit. S. 14

LÖB, E.
Über die subjektive Wirkung von Klangfarbenänderungen
Akustische Zs. 6(1941), zit. S. 105

LOHMANN, S.
Bau eines Gerätes zur Einstellung einer Frequenzkurve, die an zehn Stellen variable Einbrüche oder Überhöhungen hat
Diplomarbeit T. H. Karlsruhe 1958, zit. S. 99

LOTTERMOSER, W.
Elektroakustische Messungen an berühmten Barockorgeln Oberschwabens, I. Schalldruckaufnahmen
Zs. f. Naturforschung 3 a(1948), zit. S. 76
Akustische Eigenschaften hochwertiger Orgeln
Physikalische Blätter 4(1948), zit. S. 76
Elektroakustische Messungen an berühmten Barockorgeln Oberschwabens, II. Klanganalytische Untersuchungen

Zs. f. Naturforschung 5 a(1950), zit. S. 77
Warum akustische Messungen an Barockorgeln?
Archiv f. Musikwissenschaft 9(1952), zit. S. 77
Vergleichende Untersuchungen an Orgeln
Acustica 3(1953), zit. S. 77
Acoustical Design of Modern Germany Organs
JASA 29(1957), zit. S. 77

LOTTERMOSER, W. u. MEYER, FR.-J.
Impulsmethode zur Messung von Geigenresonanzen
Gravesaner Blätter 5(1960), zit. S. 76

LOTTERMOSER, W. u. PIETZKER, A.
Versuche zur Entwicklung einer neuartigen Orgelmixtur mit Vokalcharakter
Die Musikforschung 4(1951), zit. S. 77

LOTTERMOSER, W. u. LINHARDT, W.
Beitrag zur akustischen Prüfung von Geigen und Bratschen
Acustica 7(1957), zit. S. 76

LUCE, D. A.
Physical Correlates of Nonpercussive Musical Instrument Tones
Diss. Massachusetts 1963 (masch.-schr.), zit. S. 79

LUCE, D. A. und CLARK, JR., M.
Physical Correlates of Brass-Instrument Tones
JASA 42(1967), zit. S. 79

LUCE, D. A.
Dynamic Spectrum Changes of Orchestral Instruments
Journ. Audio Eng. Soc. 23(1975), zit. S. 79

MARTIN, D. W.
Directivity and Spectra of Brass Wind Instruments
JASA 13(1942), zit. S. 76

MEINEL, H.
Über Frequenzkurven von Geigen
Akustische Zs. 2(1937), zit. S. 75
Akustische Eigenschaften klanglich hervorragender Geigen
Akustische Zs. 4(1939), zit. S. 76
Akustische Eigenschaften von Geigen verschiedener Klangqualität
Akustische Zs. 5(1940), zit. S. 76
Über Frequenzkurven von Geigen
Akustische Zs. 5(1940), zit. S. 76
Regarding the Sound Quality of Violins and a Scientific Basis for

Violin Construction
JASA 29(1957), zit. S. 76

MEYER, E.
Die Klangspektren der Musikinstrumente
Zs. f. techn. Physik 12(1931), zit. S. 75

MEYER, E. u. BUCHMANN, G.
Die Klangspektren der Musikinstrumente
Sitz.-Ber. d. Preuß. Akad. d. Wissensch. math.-phys. Kl. 32(1931), zit. S. 75

MEYER, J.
Akustik der Holzblasinstrumente in Einzeldarstellungen
Frankfurt/M. 1966, zit. S. 76
Akustik und musikalische Aufführungspraxis
Frankfurt/M. 1972, zit. S. 76

MILLER, D. C.
The Science of Musical Sounds
New York 1916, 2. Aufl. 1922 (unverändert), zit. S. 16

MÜLLER, U.
Untersuchungen zu den Strukturen von Klängen der Clarin- und Ventiltrompete
Diss. Köln 1970, Kölner Beiträge z. Musikforschung Bd. 60, Regensburg 1971, zit. S. 74

NAGEL, W.
Physiologie der Stimmwerkzeuge
im Handb. d. Physiologie d. Menschen, Hrsg. W. NAGEL, Braunschweig 1904 Bd. 4, zit. S. 22

NAHRGANG, S.
Beobachtungen und Messungen an einem neuen Gerät zur Klangsynthese
Akustische Zs. 3(1938), zit. S. 105

OLSON, H. F.
Acoustical Engineering
New York 1957, zit. S. 110
Music, Physics and Engineering
2. Aufl. New York 1967, zit. S. 76

POLLACK, L. W.
Rechentafeln zur harmonischen Analyse
Leipzig 1926, zit. S. 20

REICHARDT, H.
Das elektronische Musikinstrument Philicorda

Funkschau 38(1966), zit. S. 101

REINECKE, H. P.
Über den doppelten Sinn des Lautheitbegriffes beim musikalischen Hören
Diss. Hamburg 1953, masch.-schr., zit. S. 87
Die Nichtlinearität des Ohres und ihre Bedeutung für den Hörvorgang
1. u. 2. Bericht an die Deutsche Forschungsgemeinschaft, Ms. 1956 u. 1957, zit. S. 8

RIEGGER, H.
Über klanggetreue Schallaufnahme, Verstärkung und Wiedergabe
Zs. f. techn. Physik 5(1924), zit. S. 20

RITSMA, R. J.
Existence Region of the Tonal Residue, I
JASA 34(1962), zit. S. 6

ROHLOFF, E.
Der Klangcharakter altitalienischer Meistergeigen
Zs. f. Naturforschung 3 a(1948), zit. S. 76
Der Klangcharakter altitalienischer Meistergeigen
Zs. f. angew. Physik 2(1950), zit. S. 76

SAMOJLOFF, A.
Zur Vokalfrage
(Pflügers) Archiv f. d. ges. Physiologie 78(1899), zit. S. 22

SAUNDERS, F. A.
Analyses of the Tones of a Few Wind Instruments
JASA 18(1946), zit. S. 76

SCHENK, CH. u. TIETZE, U.
Aktive Filter
Elektronik 19(1970), zit. S. 99

SCHIESSER, H.
Beurteilung nichtlinearer Verzerrungen
RTI-Mitteilungen (1951), zit. S. 110

SCHOUTEN, J. F.
The Perception of Subjective Tones
Proc. Koninkl. Ned. Akad. Wetenschap 41(1938), zit. S. 6
The Residue, a New Component in Subjective Sound Analysis
Proc. Koninkl. Ned. Akad. Wetenschap 43(1940), zit. S. 6
Die Tonhöhenempfindung
Philips Techn. Rundschau 5(1940), zit. S. 6

SCHUMANN, E.
Die Garten'schen Beiträge zur Vokallehre
Archiv f. Mw. 5(1923), zit. S. 13
Physik der Klangfarben II
Hab.-Schr. Universität Berlin 1929, zit. S. 1, 21, 32, 33, 41, 49, 57, 84, 97, 114
Zur Physik der Vokalklangfarben
in: Musicae Scientiae Collectanea, Festschrift für Prof. Dr. Dr. K. G. FELLERER zum 70. Geburtstag, Hrsg. H. HÜSCHEN, Köln 1973, zit. S. 81

SCRIPTURE, E. W.
Researches in Experimental Phonetics
Washington 1906, zit. S. 22

SHACKFORD, CH.
American String Teacher 10(1960), zit. S. 7

SIRKER, U.
Strukturelle Gesetzmäßigkeiten in den Spektren von Blasinstrumentenklängen
Acustica 30(1974), zit. S. 79

SIVIAN, L. J., DUNN, H. K. and WHITE, S. D.
Absolute Amplitudes and Spectra of Certain Musical Instruments and Orchestras
JASA 2(1931), zit. S. 75

SKUDRZYK, E.
Die Grundlagen der Akustik
Wien 1954, zit. S. 77

SLOT, G.
Die Wiedergabequalität elektroakustischer Anlagen
Eindhoven 1965, zit. S. 88, 89, 91, 110

STEVENS, S. S. and DAVIS, H.
Hearing, its Psychology and Physiology
New York 1954, zit. S. 7

STUMPF, C.
Über neuere Untersuchungen zur Tonlehre
Ber. VI. Kongreß d. Gesellschaft f. exp. Psychologie, April 1914 u. Beitr. z. Akustik u. Musikwiss. H. 8, Leipzig 1915, zit. S. 9
Die Struktur der Vokale
Sitzungsber. d. Preuß. Akad. d. Wissensch., Berlin 1918, zit. S. 9, 21, 24, 29
Zur Analyse der geflüsterten Vokale

Beitr. z. Anatomie, Physiologie, Pathologie u. Therapie d. Ohres, d. Nase u. d. Halses 12(1919), zit. S. 10
Zur Analyse der Konsonanten
daselbst 17(1921), zit. S. 10
Veränderungen des Sprachverständnisses bei abwärts fortschreitender Vernichtung der Gehörsempfindungen
daselbst 17(1921), zit. S. 10
Über die Tonlage der Konsonanten und die für das Sprachverständnis entscheidende Gegend des Tonreiches
Sitzungsber. d. Preuß. Akad. d. Wissensch., Berlin 1921, zit. S. 10
Singen und Sprechen
Zs. f. Psychologie 94(1923) u. Beitr. z. Akustik u. Musikwiss. H. 9, Leipzig 1924, zit. S. 10
Die Sprachlaute
Berlin 1926, zit. S. 2, 3, 10, 12, 14, 15, 16, 17, 21, 24, 26, 29

TERHARDT, E.
Zur Tonhöhenwahrnehmung von Klängen, I. Psychoakustische Grundlagen, II. Ein Funktionsschema   Acustica 26(1972), zit. S. 6

TIETZE, U. u. SCHENK, CH.
Halbleiter-Schaltungstechnik
Berlin 1969, zit. S. 99

TREBS, E.
Die Harmonie der Vokale
Archiv. f. d. ges. Psychologie 14(1908), zit. S. 3

TRENDELENBURG, F.
Zur Physik der Klänge
Die Naturwissenschaften 12(1924), 13(1925), 15(1927), zit. S. 26
Objektive Klangaufzeichnung mittels des Kondensatormikrophons, 1. Teil Meßmethodik und Schlüsse über die physikalische Natur der Vokalklangfarben, 2. Teil Zur Physik der Konsonanten
Wissensch. Veröffentl. Siemens-Werke 3(1924), u. 4(1925), zit. S. 20, 22
Akustische Meßmethoden
im Handbuch der Physik, Hrsg. H. GEIGER u. K. SCHEEL
Bd. 8 Akustik, Berlin 1927, zit. S. 10

VERMEULEN, R.
Möglichkeiten für eine Weiterentwicklung der Geige
Philips Techn. Rundschau 5(1940), zit. S. 92

VOIGT, W.
Untersuchungen zur Formantbildung in Klängen von Fagott und

Dulzianen
Diss. Köln 1975, Kölner Beitr. z. Musikforschung Bd. 80, Regensburg 1975, zit. S. 74, 79
Anwendungen der Schumannschen Klangfarbengesetze bei der elektroakustischen Übertragung von Sprache und Musik
Bericht über den Intern. Musikw. Kgr. Berlin 1974, zit. S. 82
WAGNER, K. W.
Der Frequenzbereich von Sprache und Musik
Elektrotechnische Zs. 45(1924) u. Wissensch. Veröffentl. a. d. Siemens-Konzern 2(1923), zit. S. 13
WALLISER, K.
Zusammenhänge zwischen dem Schallreiz und der Periodentonhöhe
Acustica 21(1969), zit. S. 6
WEITBRECHT, W.
Über den Einfluß nichtlinearer Verzerrungen auf die Hörbarkeit von Verstimmungen musikalischer Intervalle
Diss. Stuttgart 1949 u. Fernmeldetechnische Zs. 3(1950), zit. S. 110
WENTE, E. C.
A Condensor Transmitter as a Uniformly Sensitive Instrument for the Absolute Measurement of Sound Intensity
Phys. Rev. 10(1917), zit. S. 20
WESENDONK, K. v.
Über die Synthese der Vokale aus einfachen Tönen
Physikal. Zs. 10(1909), zit. S. 3
Über Vokalklänge
Ber. d. deutschen Physikal. Ges. 19(1917) u. 20(1918), zit. S. 3
WILLIS, R.
Über Vokaltöne und Zungenpfeifen
Annalen d. Physik u. Chemie 24(1832), zit. S. 3
WINCKEL, F.
Phänomene des musikalischen Hörens
Berlin 1960, zit. S. 8
WINKHAUS, H.
Akustische Untersuchungen
Diss. Universität Berlin 1930, zit. S. 84
YOUNG, R. W. and DUNN, H. K.
On the Interpretation of Certain Sound Spectra of Musical Instruments
JASA 29(1957), zit. S. 75

Verzeichnis der Bilder und Tabellen

Bild   Seite

1 Schema der Vokalitäten nach KOEHLER 2
2 STUMPFsches Interferenzfilter 12
3 Schematische Darstellung der von SCHUMANN benutzten STUMPFschen Einrichtung 17
4 Oszillogramme von Klarinetten-Klängen auf c_1 72
5 Oszillogramme von Englischhorn-Klängen auf e_0 73
6 Darstellung der KADOWschen Versuchsanordnung 94
7 Die Formantstrecken der Holzblasinstrumente 98
8 Filterschaltung nach BURR-BROWN 100
9 Blockschaltbild der Filter-Kombination 100
10 Formant-Filter nach SCHENK-TIETZE 100
11 Schematisches Pegeldiagramm 102
12 Kurve gleicher Wahrnehmbarkeit für Höcker verschiedener Höhe und Breite bei Sprache und Musik 103
13 Mittelwerte der Wahrnehmbarkeit von Höckern konstanter Höhe und verschiedener relativer Breite 104
14.1
bis 14.5 Pegeldiagramme der Filter-Kombination 107/108
14.6 Pegeldiagramm der Überspieleinrichtung 108
14.7
bis 14.9 Pegeldiagramme der Filter-Kombination 109

Tabelle
1 Korrekturtabelle für das STUMPFsche Interferenzfilter .. 15
2 Vokal-Formantzentren 23
3.1 Vokal-Formantregionen 24
3.2
bis 3.8 Hauptformantregionen der Vokalklänge 25/26
4 Struktur der Flüstervokale 27

5 Synthese-Tabellen stimmhafter Vokale 28
6 Ergebnisse der Fourieranlysen von Oszillogrammen verschieden starker c_1-Klänge der Flöte 32
7 Partialtonspektren von gleichstarken Klängen eines nur eine Formantstrecke aufweisenden Musikinstrumentes .. 34
8 Ergebnisse der Fourieranalysen von p-Klängen der Flöte 36/37
9 Ergebnisse der Fourieranalysen von
forte-Klängen der Flöte 38/39
10 Ergebnisse der Fourieranalysen von Klarinettenklängen mit eng beieinanderliegenden Grundtönen 40
11 Ergebnisse der Fourieranalysen von
forte-Klängen der Oboe 42/43
12 Ergebnisse der Fourieranalysen von
forte-Klängen der Oboe 44/45
13 Ergebnisse der Fourieranalysen von p-Klängen der Oboe 46/47
14 Ergebnisse der Fourieranalysen von ff-Klängen der Oboe 48
15 Ergebnisse der Fourieranalysen von
forte-Klängen des Englischhorn 50/51
16 Ergebnisse der Fourieranalysen von
forte-Klängen des Englischhorn 52
17 Ergebnisse der Fourieranalysen von
forte-Klängen der Klarinette 53
18 Ergebnisse der Fourieranalysen von
forte-Klängen der Klarinette 54/55
19 Ergebnisse der Fourieranalysen von
forte-Klängen der Klarinette 56
20 Ergebnisse der Fourieranalysen von
forte-Klängen des Fagott 58/59
21 Ergebnisse der Fourieranalysen von
ff^+-Klängen des Fagott 60
22 Englischhorn-Klänge auf g_1 61
23 Klarinetten-Klänge auf es_1 62
24 Fagott-Klänge auf C 63
25 Oboe-Klänge auf g_1 64
26 Fagott-Klänge auf c_0 65
27 Formanten-Intervall der Oboe 66
28 Formanten-Intervall der Oboe 67
29 Formanten-Intervall des Englischhorn 68
30 Formanten-Intervall des Englischhorn 69
31 Formanten-Intervall des Fagott 70
32 Formanten-Intervalle der Vokale 82

33 Mittenfrequenzen der Formantfilterpaare 101
34 Überhöhung der Teiltonamplitude in % der Normalamplitude 106
35 Übertragungseigenschaften der Formant-Filter-Kombination 110